DIE SCHÖNSTEN KIMONOS

Die schönsten Kimonos

Ein Musterbuch
aus dem 19. Jahrhundert

Mit einem Nachwort
von Peter Thiele

Harenberg Edition

Harenberg Edition
Die bibliophilen Taschenbücher Nr. 228
3. Auflage 1991
Alle Rechte für diese Ausgabe bei
Harenberg Kommunikation, Dortmund 1981
Gesamtherstellung: Druckerei Hitzegrad, Dortmund
Printed in Germany

Inhalt

明治廿六年三月廿五日印刷
明治廿六年四月五日出版

版權所有

京都市下京區寺町通松原下ル四拾四番戸
著作者　淺井廣信

京都市上京區寺町通二條下ル四拾七番戸
發行者　山田直三郎

京都市下京區四條通高倉西へ入五十三番戸
印刷者　島居又七

葵錦　　愛菊

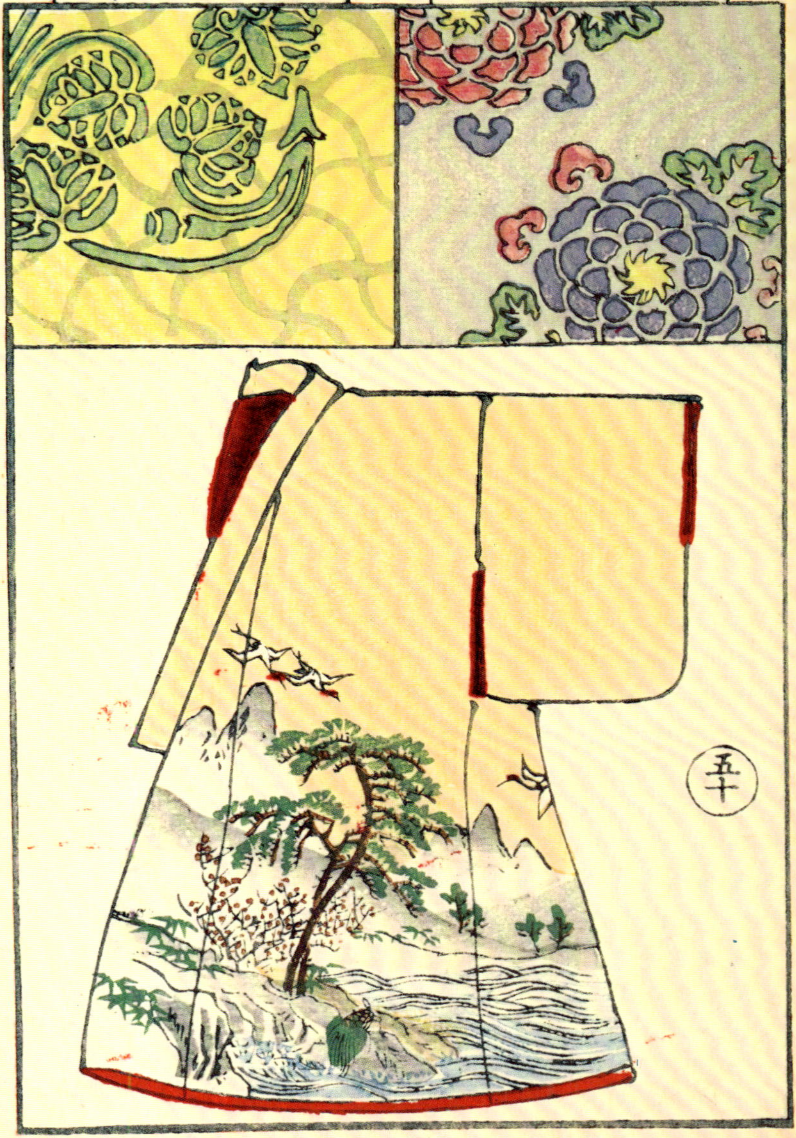

捻れ藤

藤有職

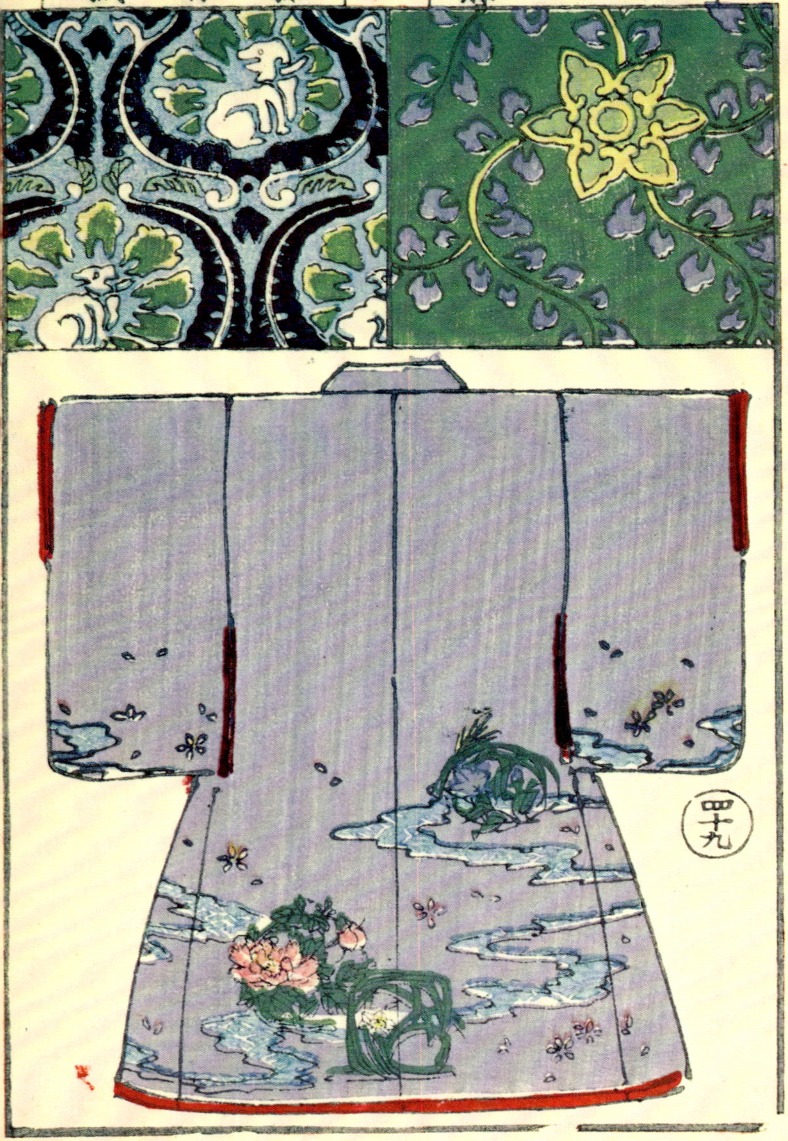

四十九

蔓竪涌

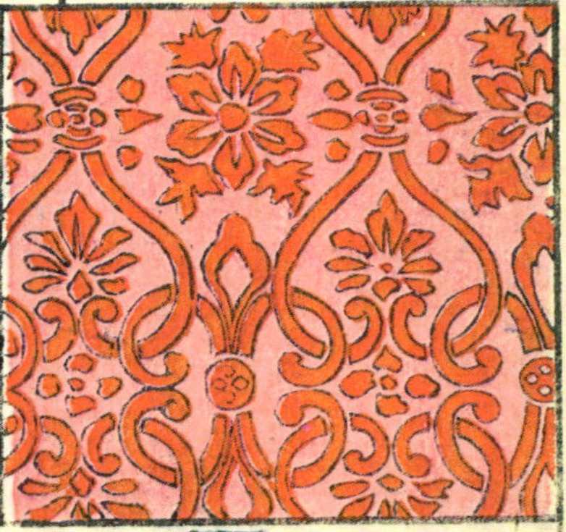

雪中松

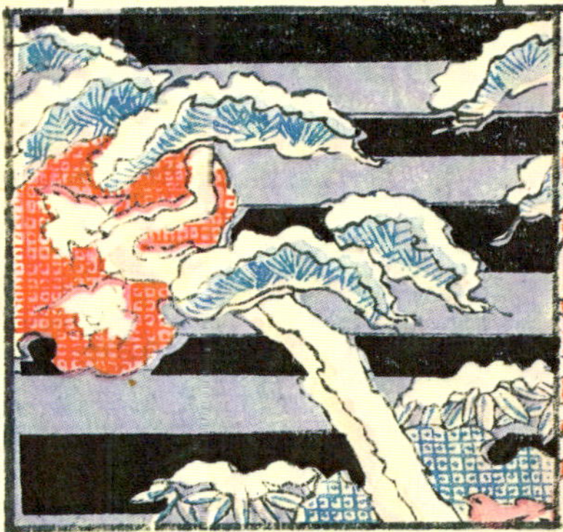

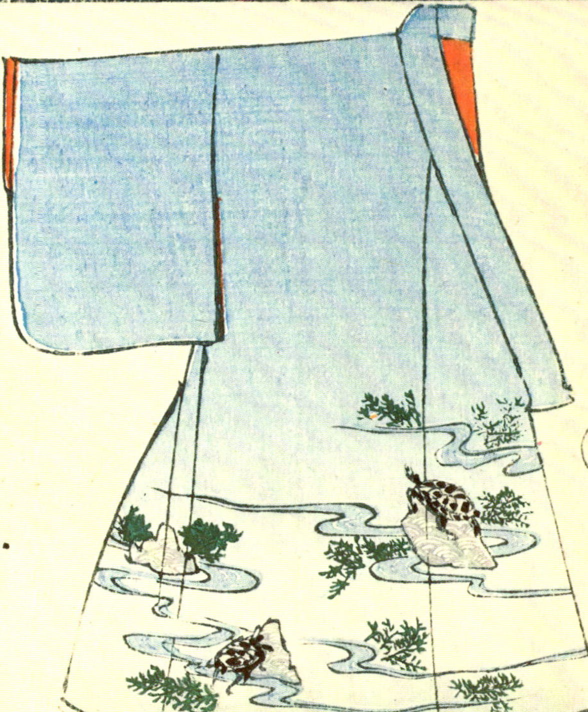

霞松竹梅

蜀江崩

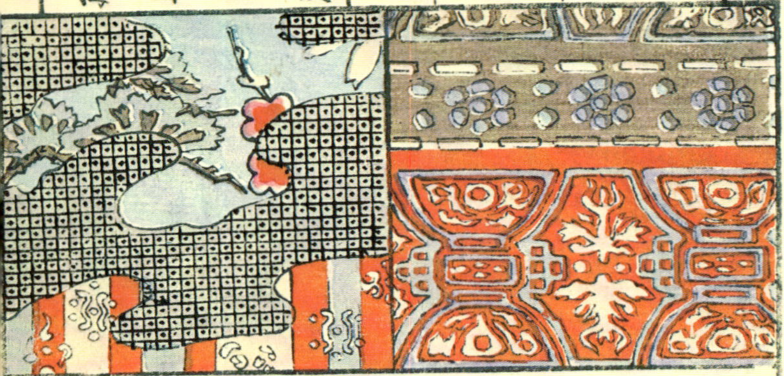

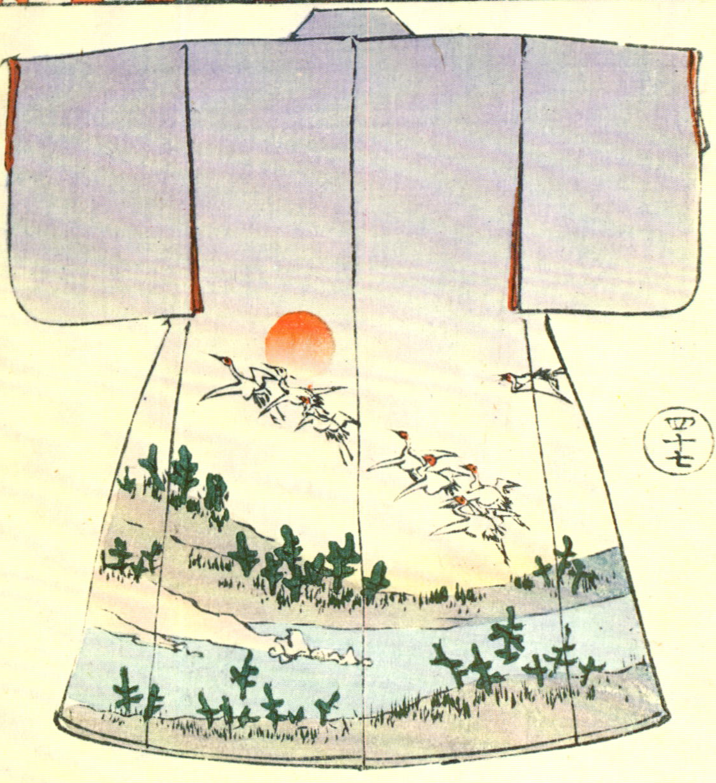

蕨手崩

變雨龍

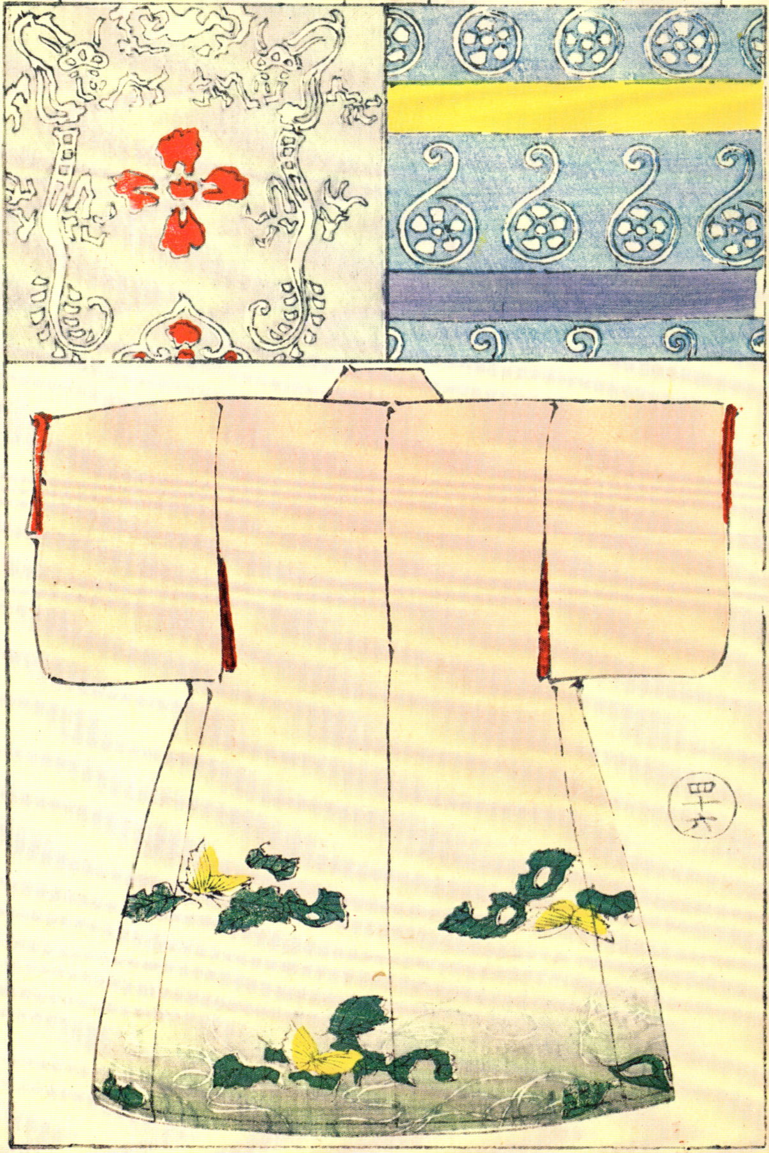

四十六

縞有職

唐花崩

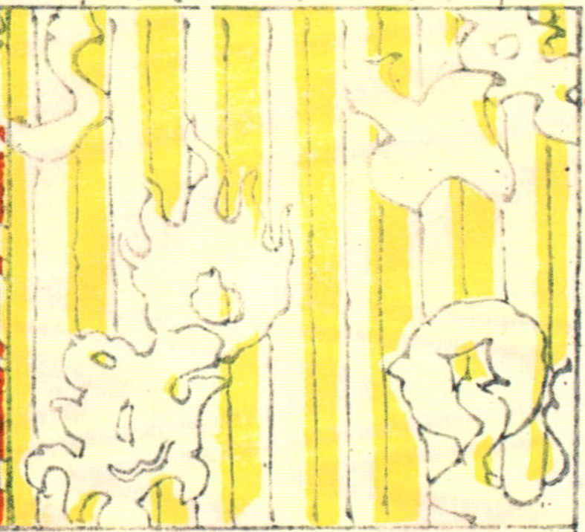

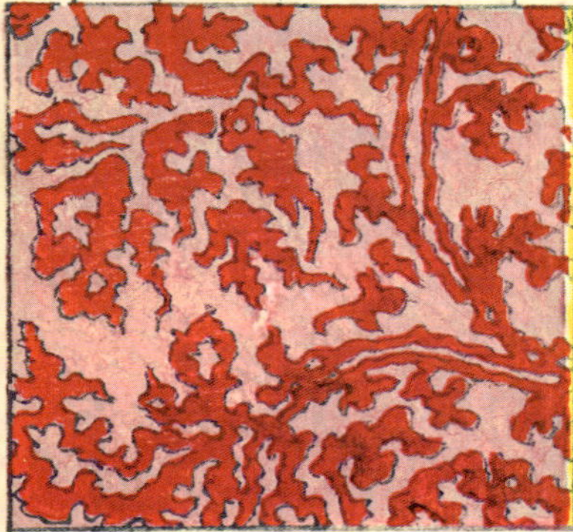

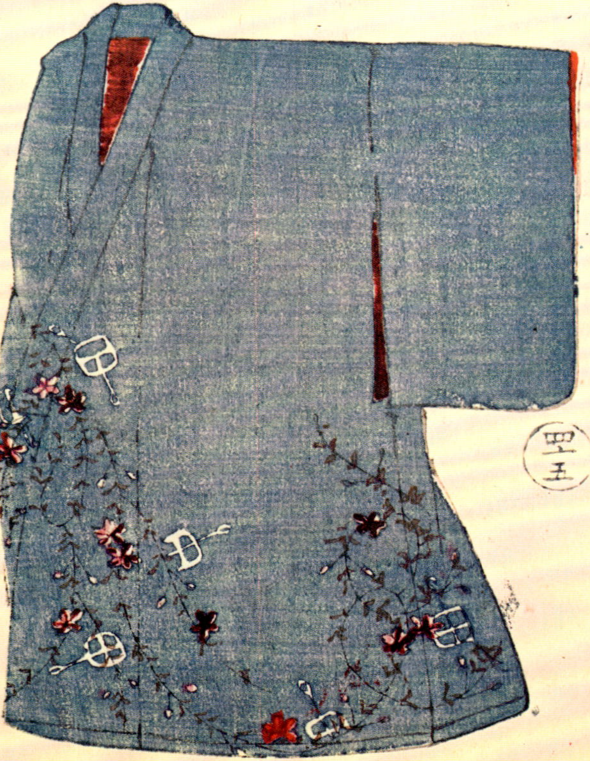

四五

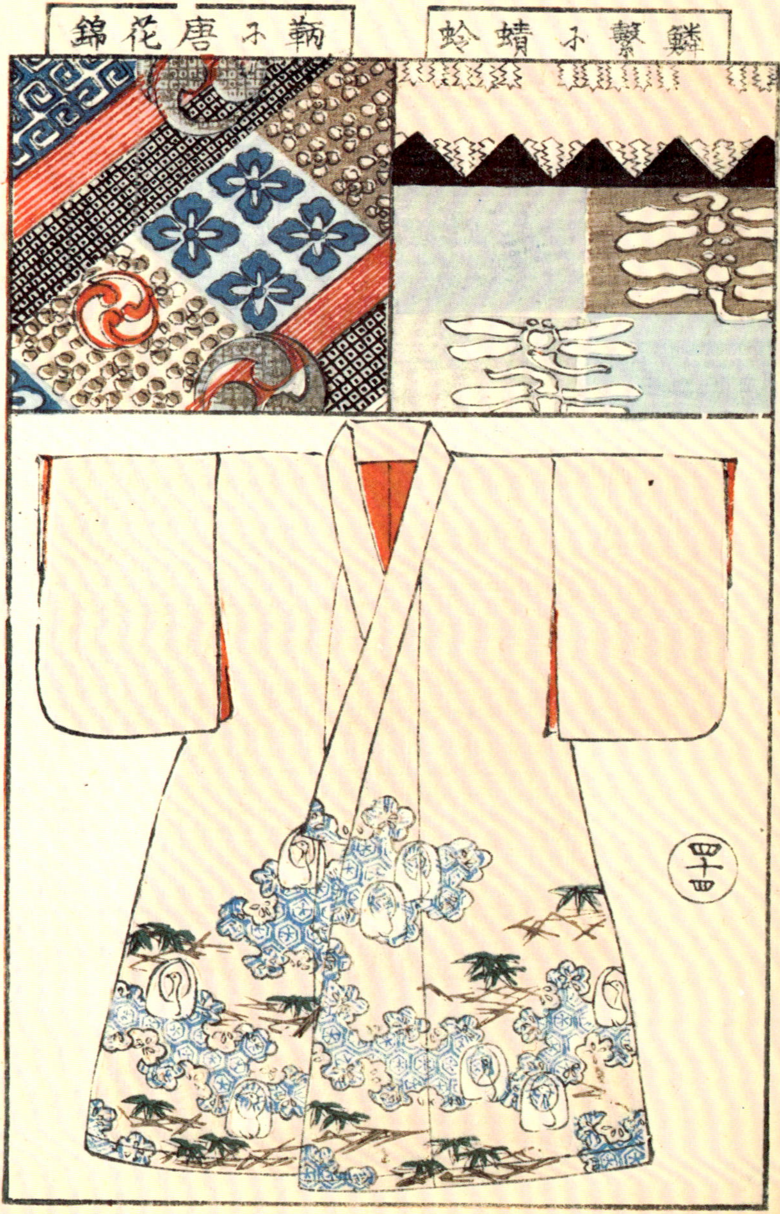
鞆ト唐花錦
鱗繋ト蜻蛉
四十四

篭目に紋散し　平亀甲

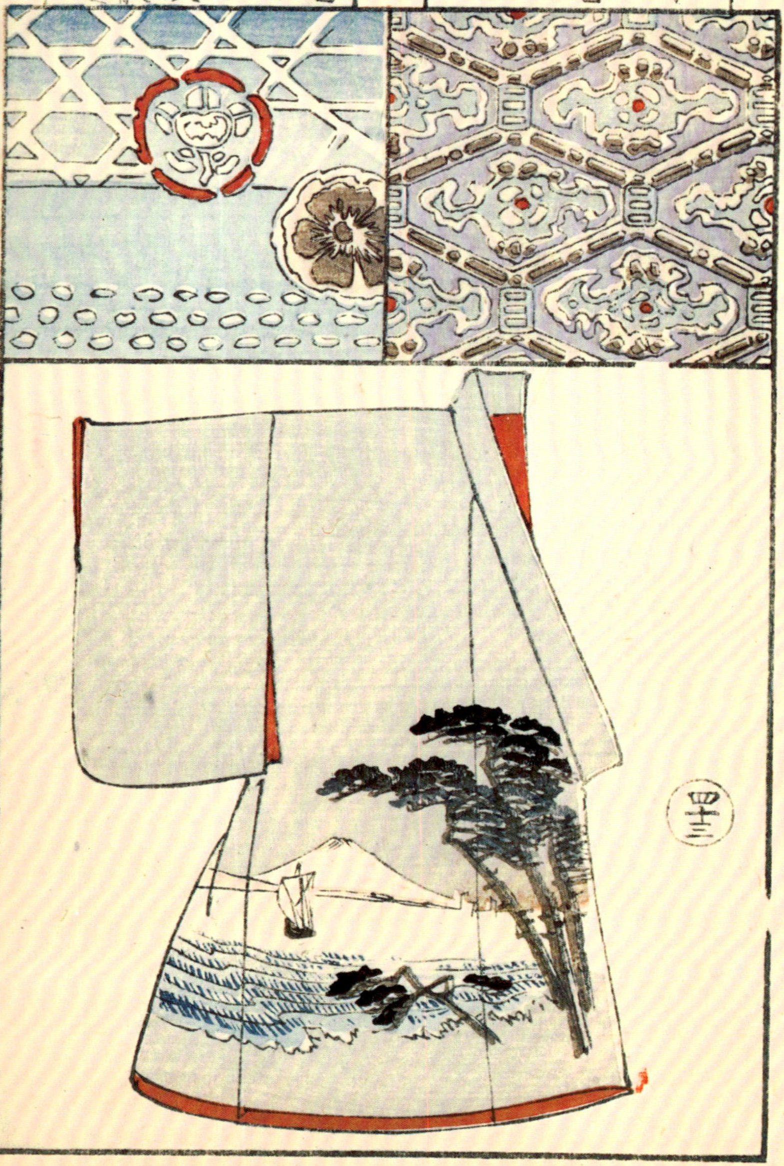

折入蜀江

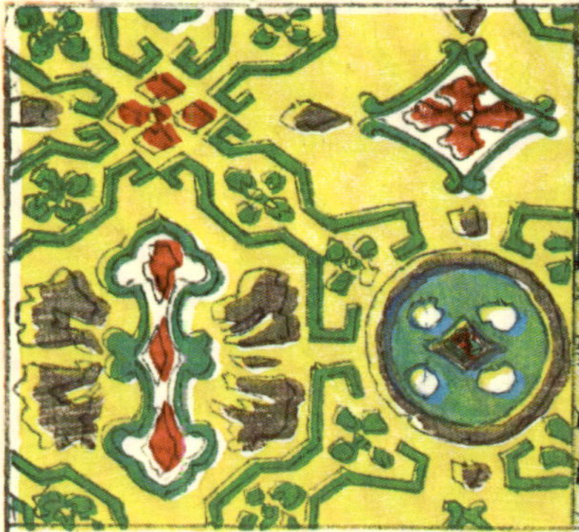

唐模様

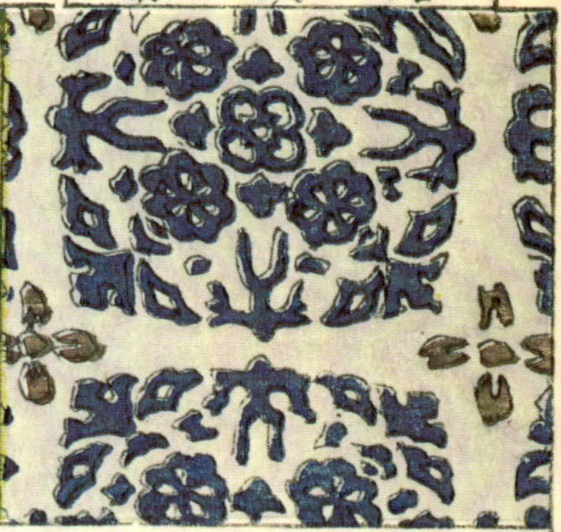

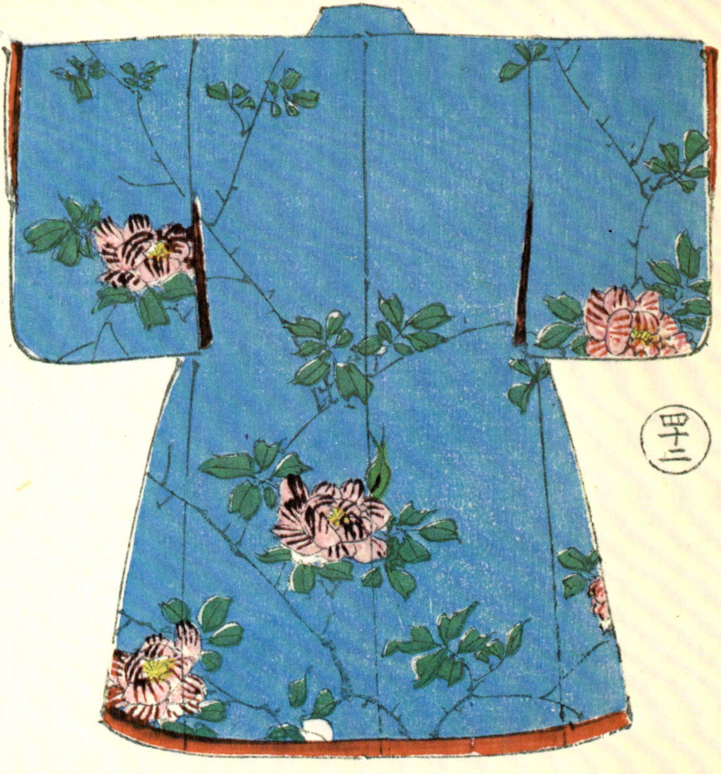

四十二

花菱繫　亀甲繫

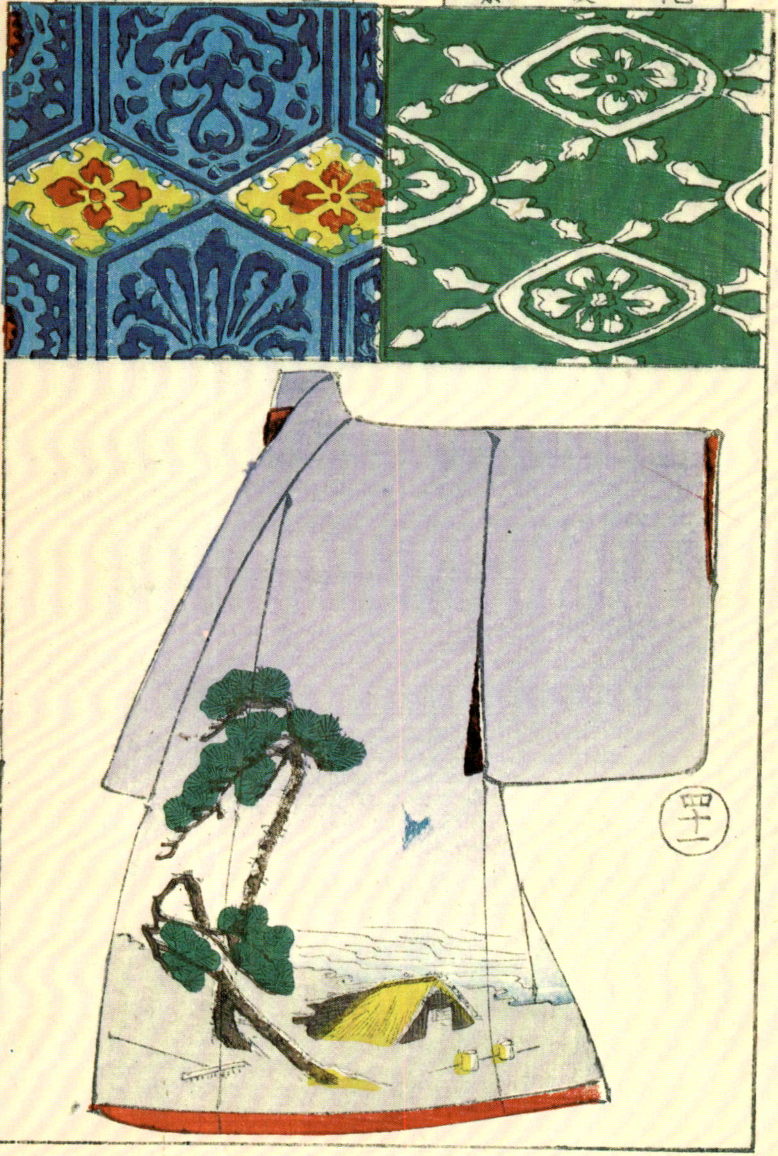

四十一

菱錦　竪涌

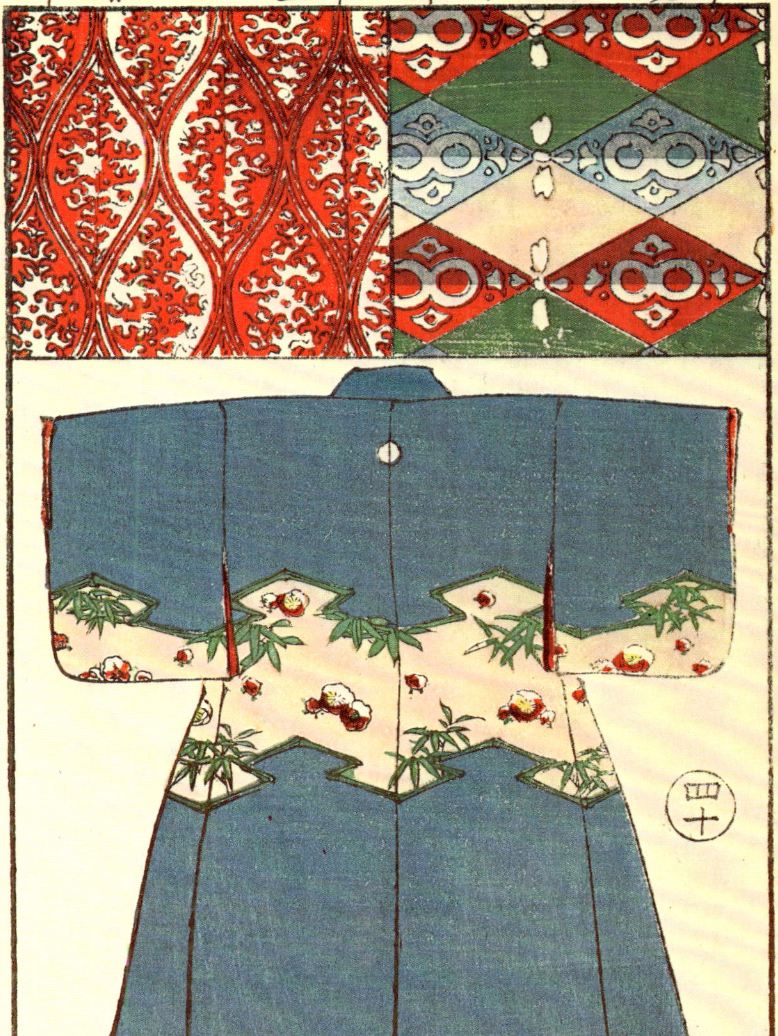

古代摸様

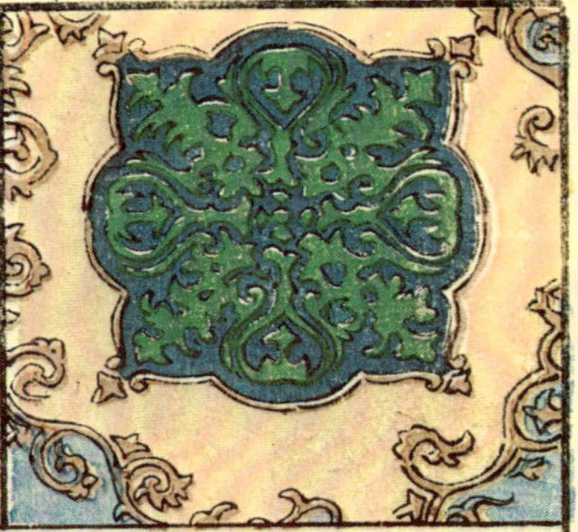

唐摸様

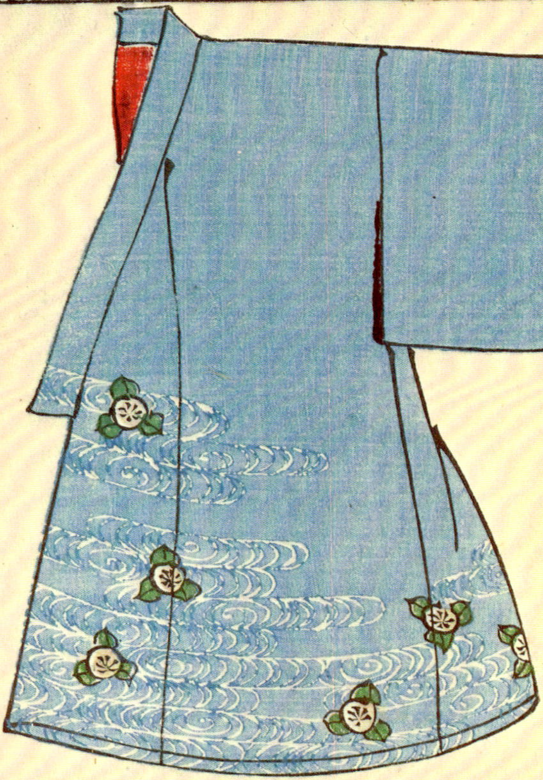

牡丹唐艸

椽錦

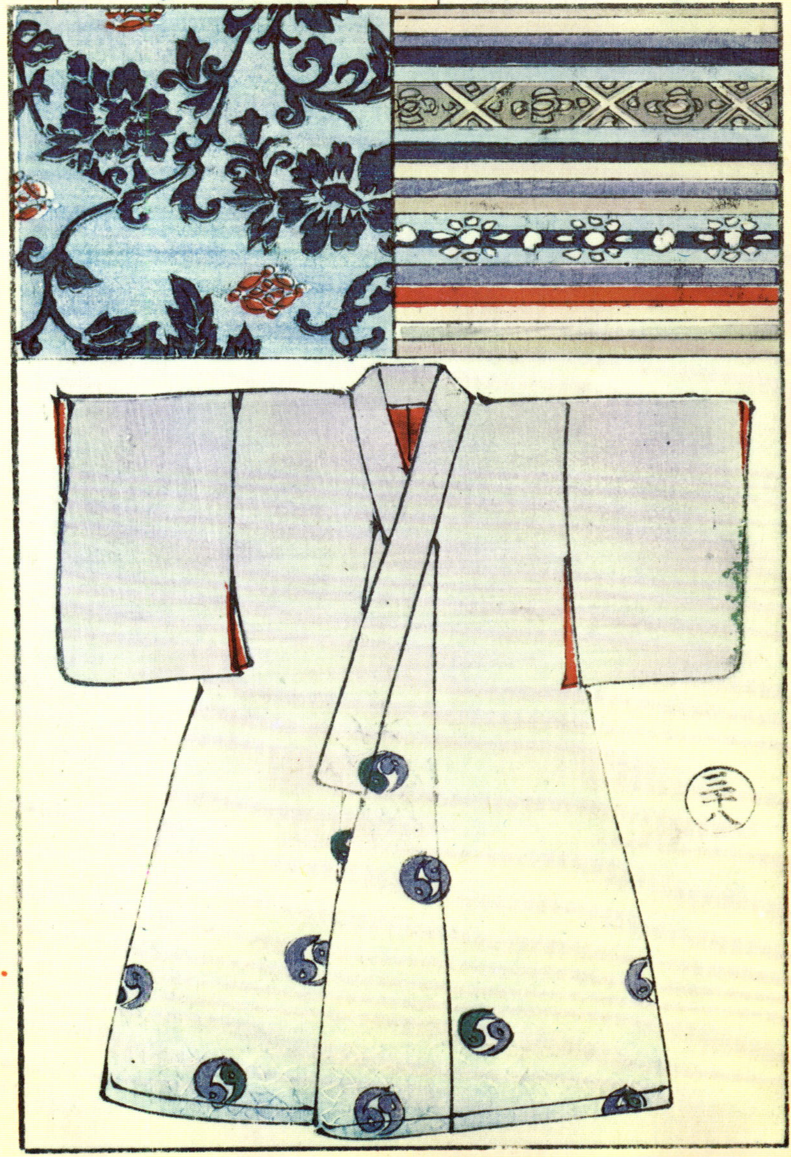

唐戸格子

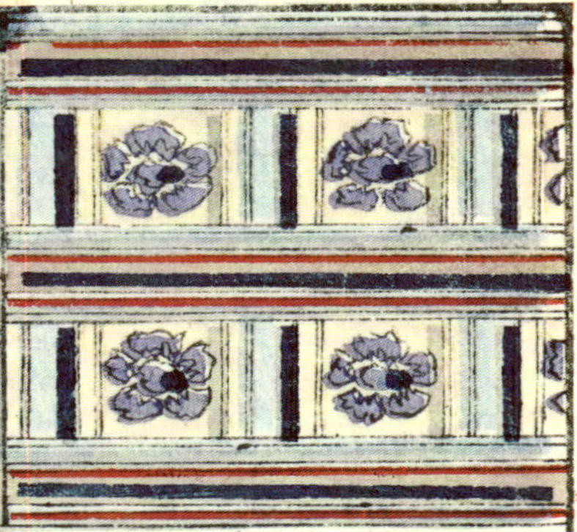

瓢棚

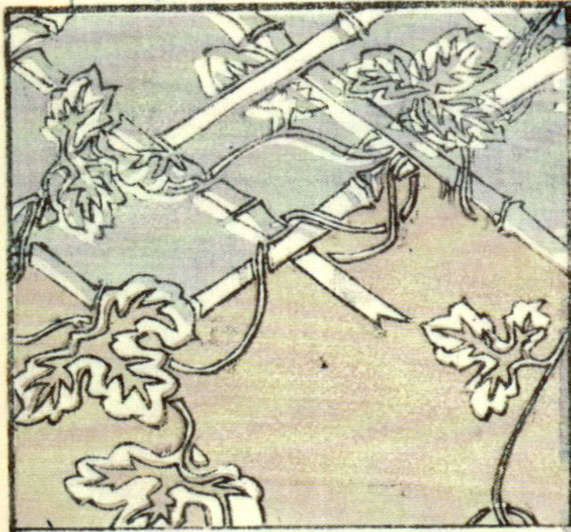

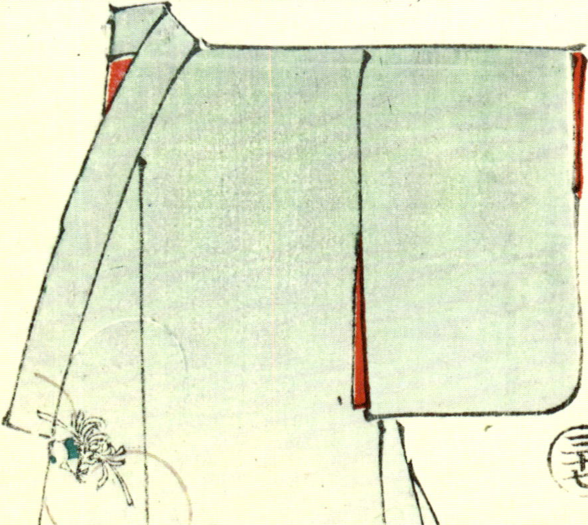

百済錦　朝鮮織

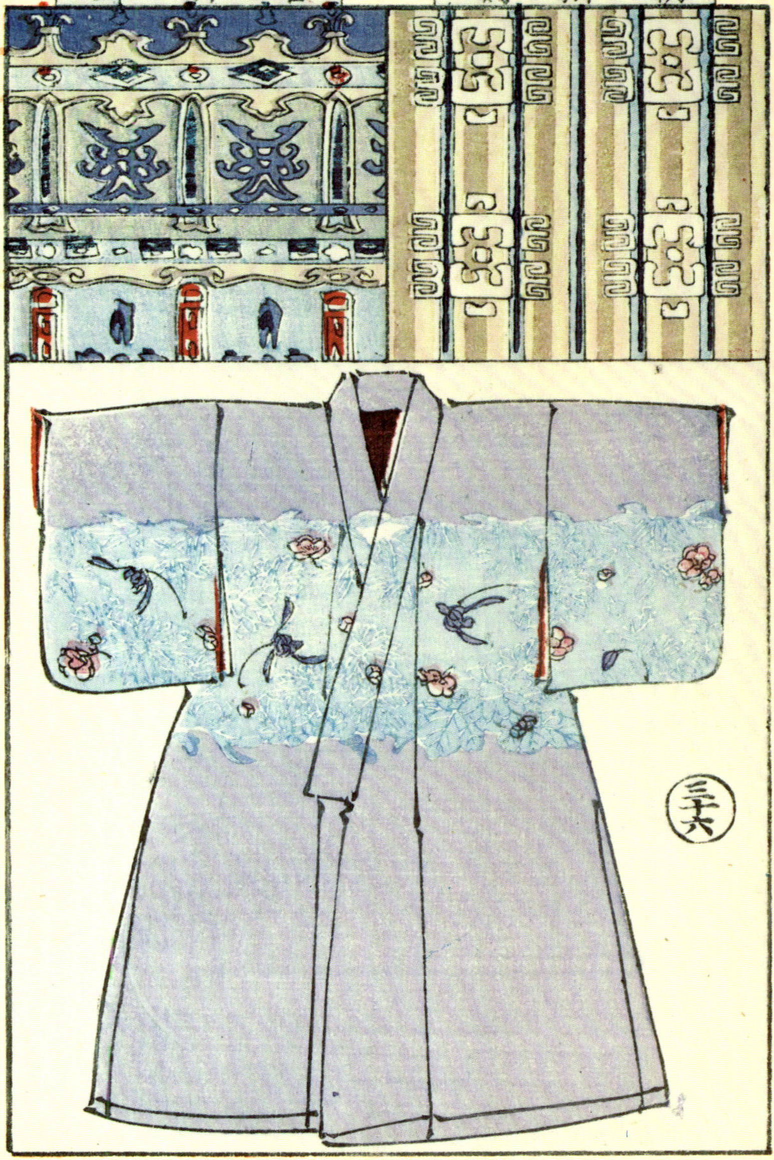

七宝繋

佳吉切

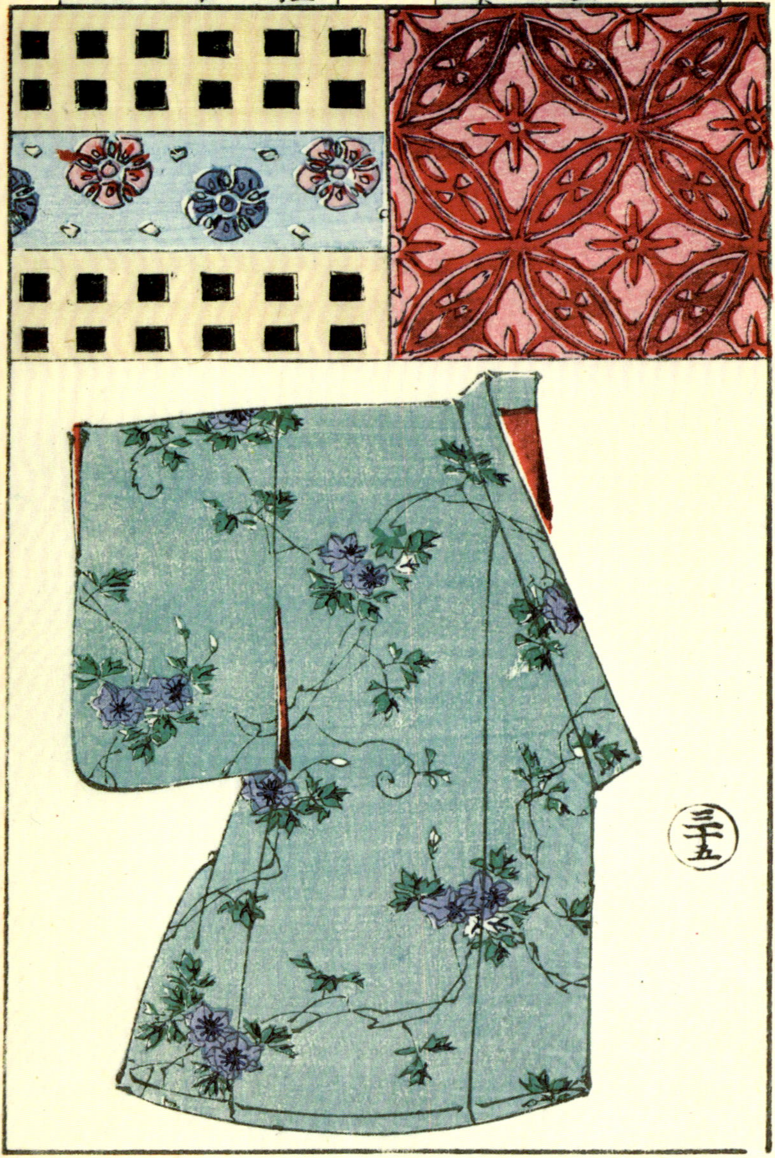

鳳凰の丸

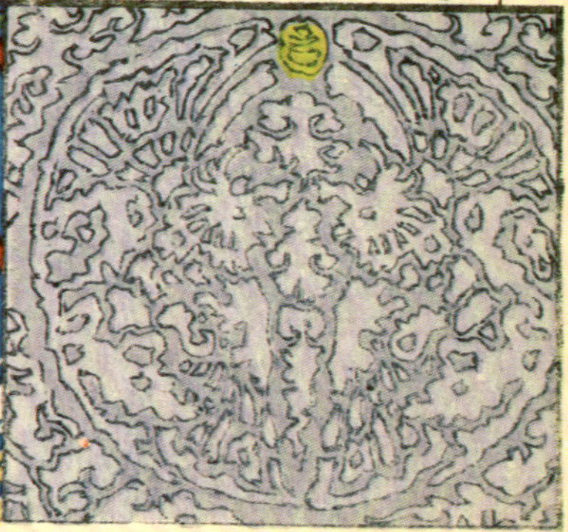

笹唐艸に兎

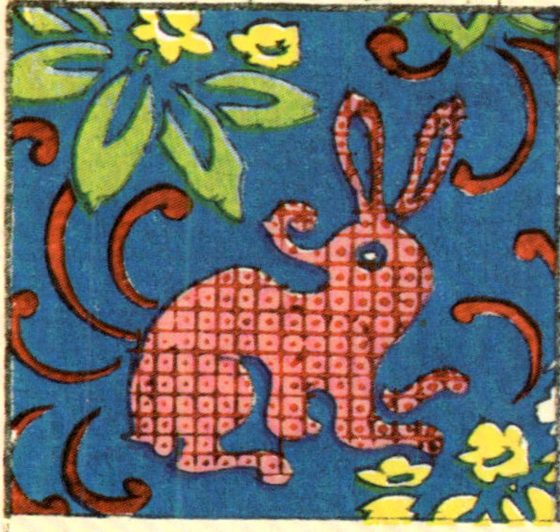

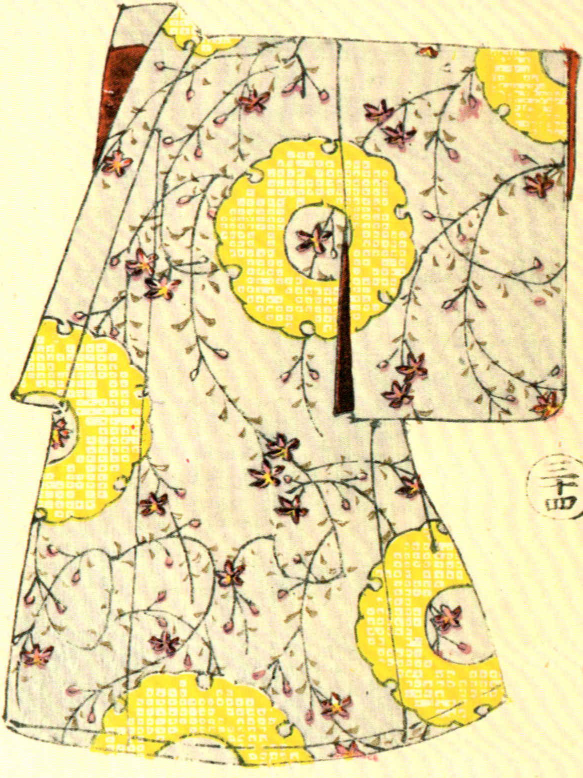

水に鴛鴦

重ね梅

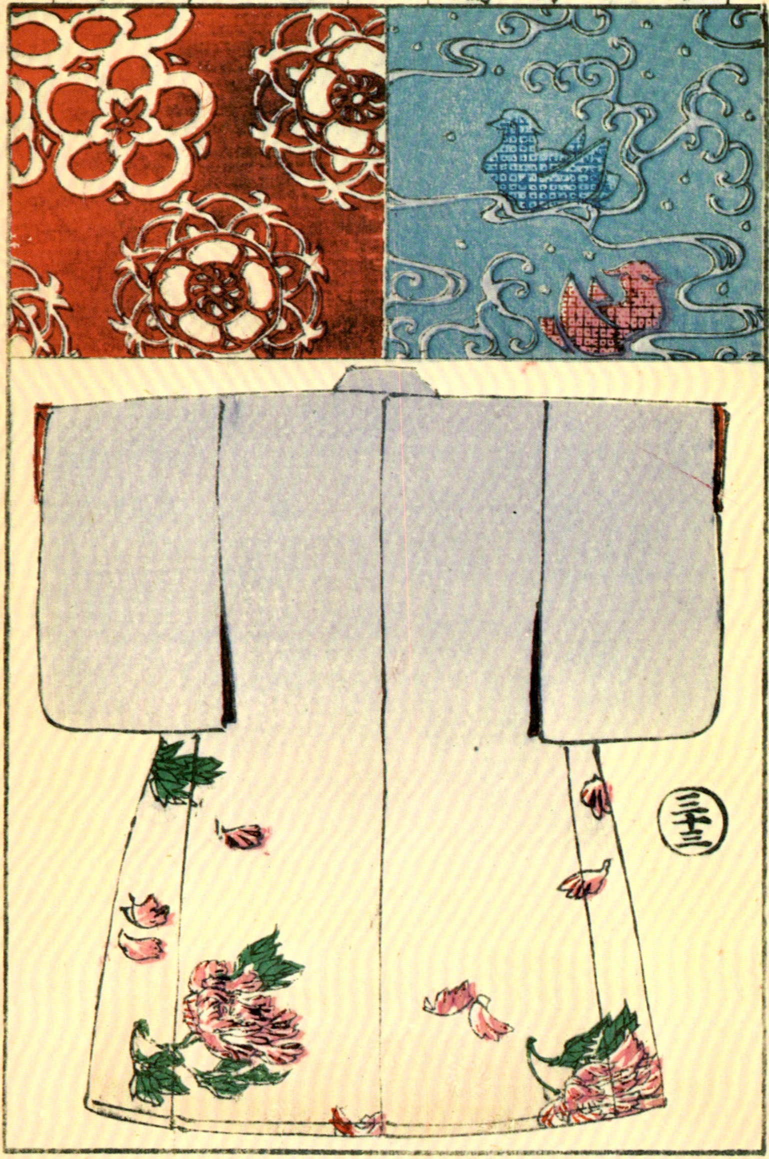

入れ子四つ目

玉川錦

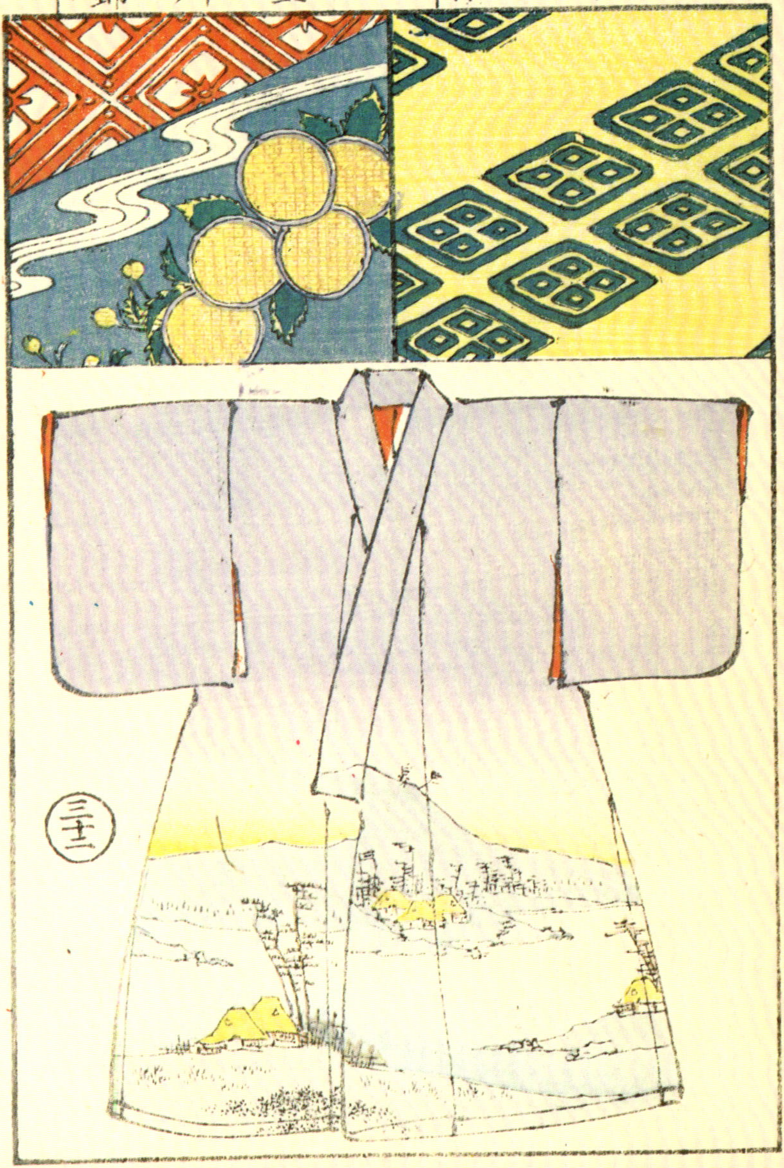

雪に鴛鴦

變り木瓜

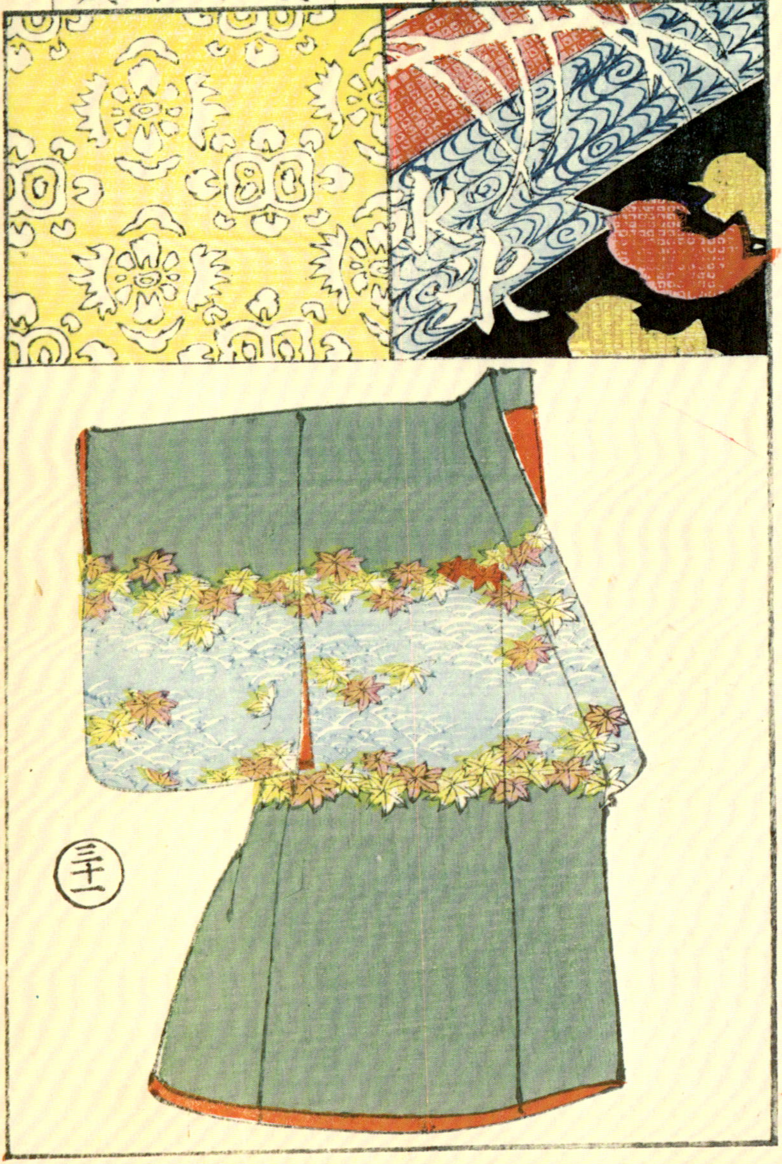

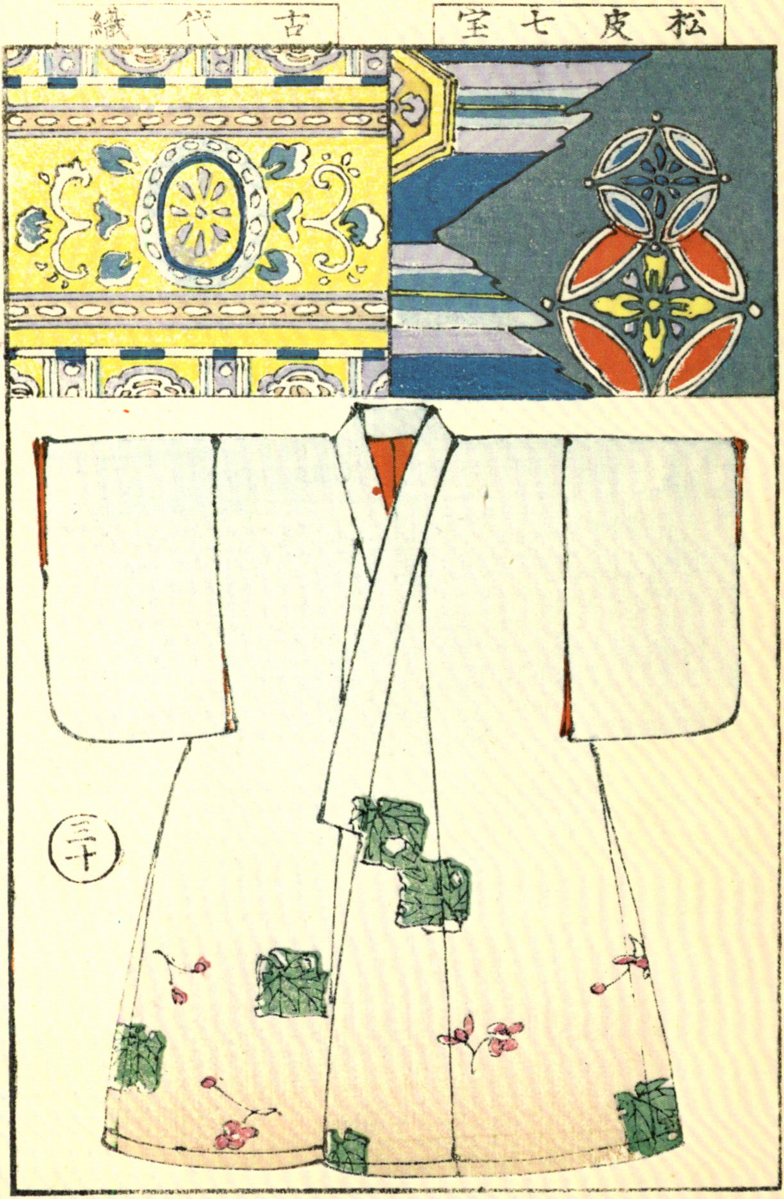
古代織
松皮七宝
三十

六ツ[illegible]花支那錦

隅田摸様

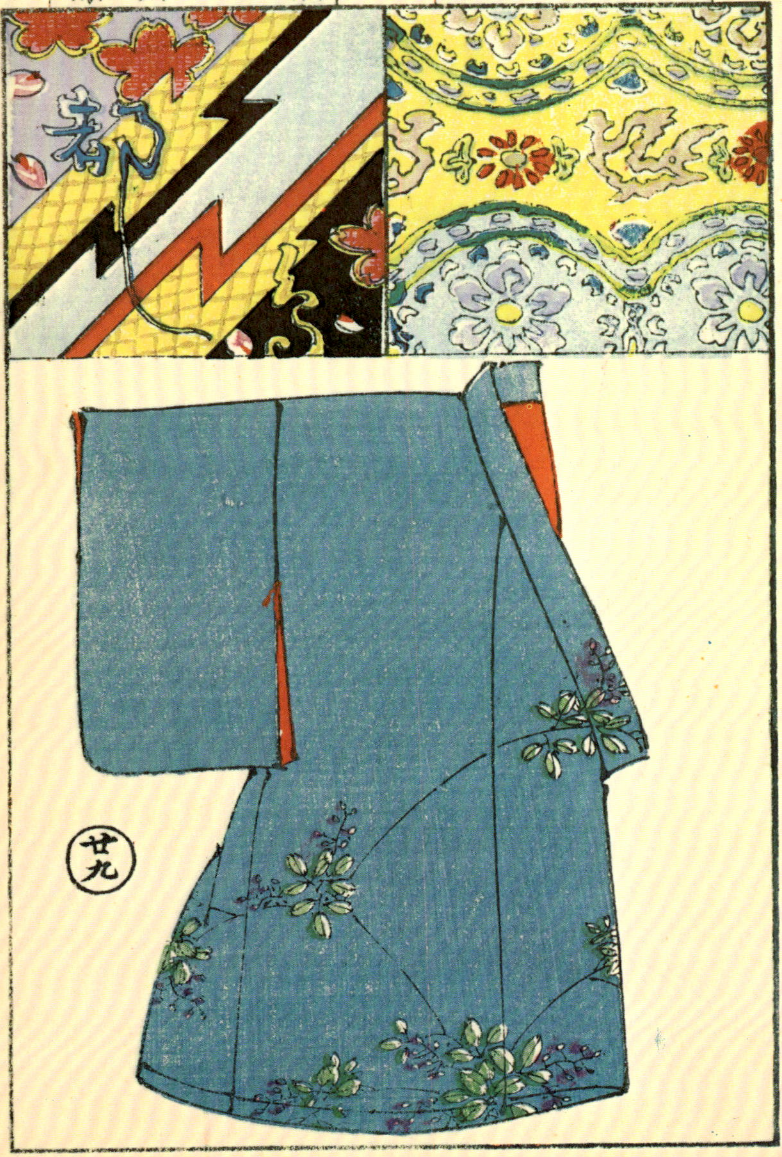

廿九

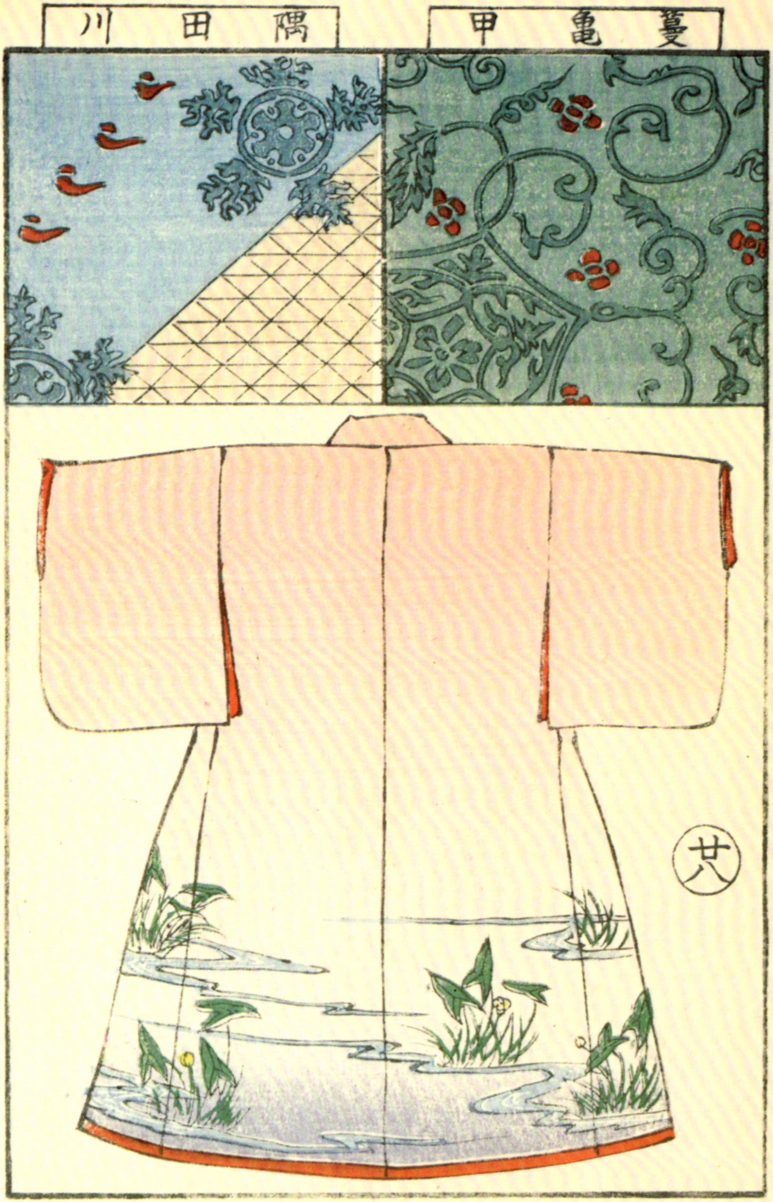
蔓亀甲
隅田川
廿八

蝶花錦

朽木不重ね拼

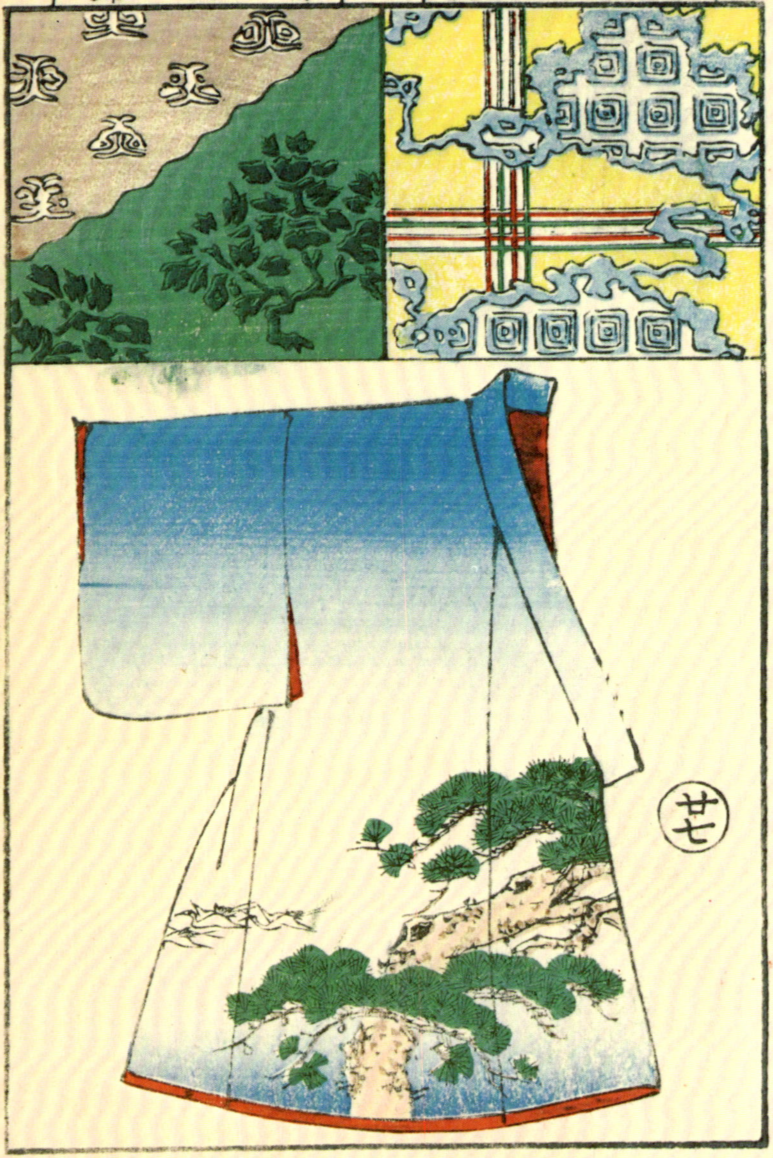

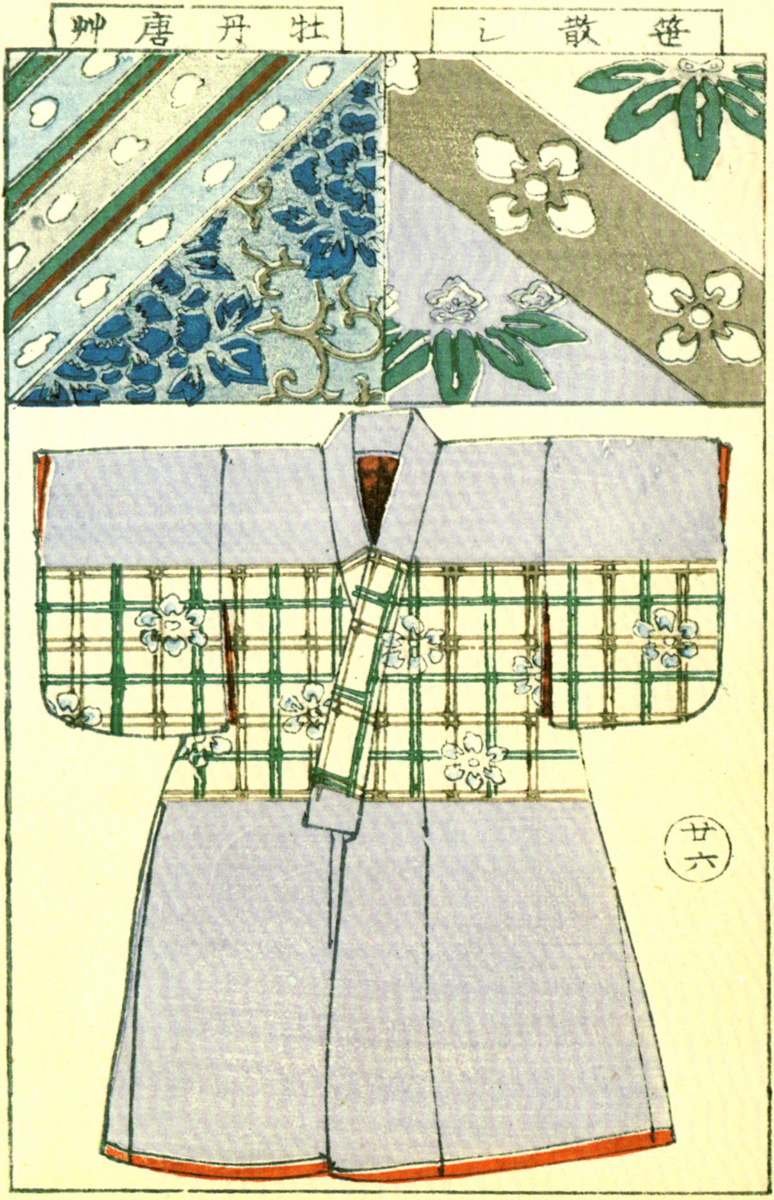
笹散し
牡丹唐艸
廿六

蝶立涌　　古瓦

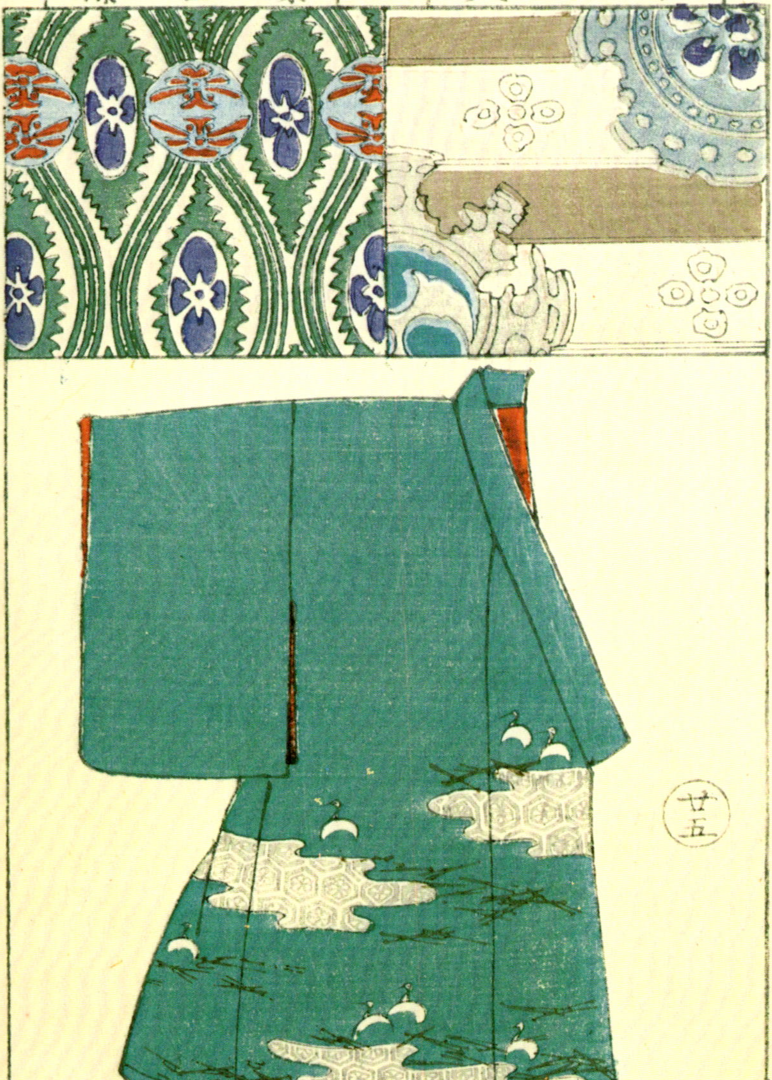

蝶錦

大の字錦

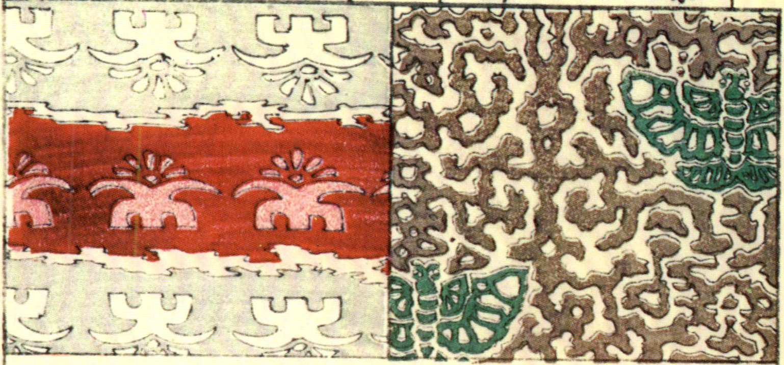

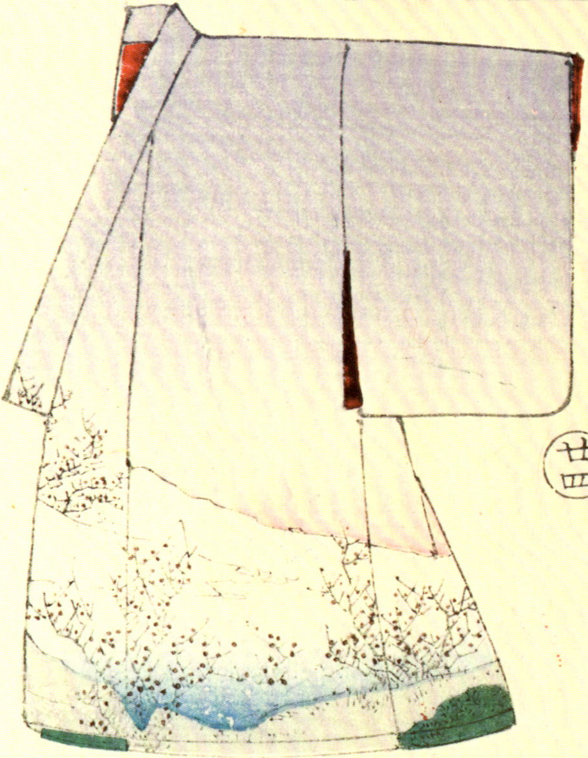

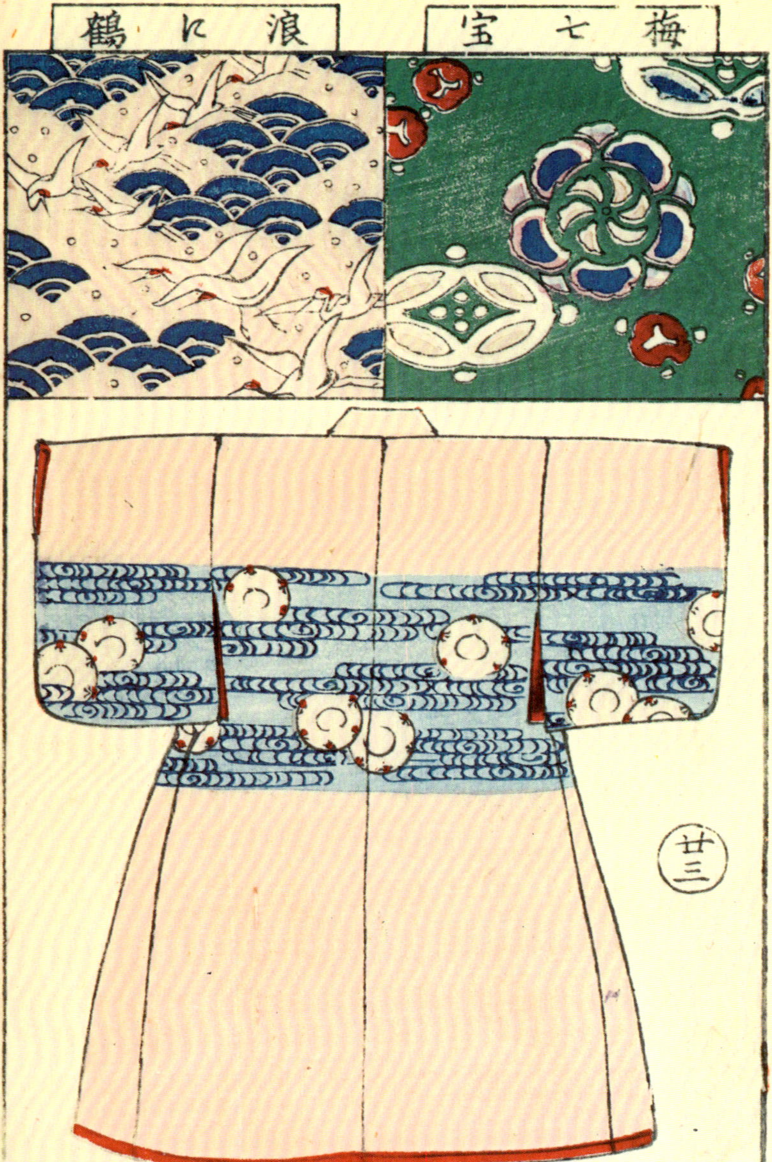
浪に鶴
梅七宝
廿三

鳳凰崩し

牡丹蝶々

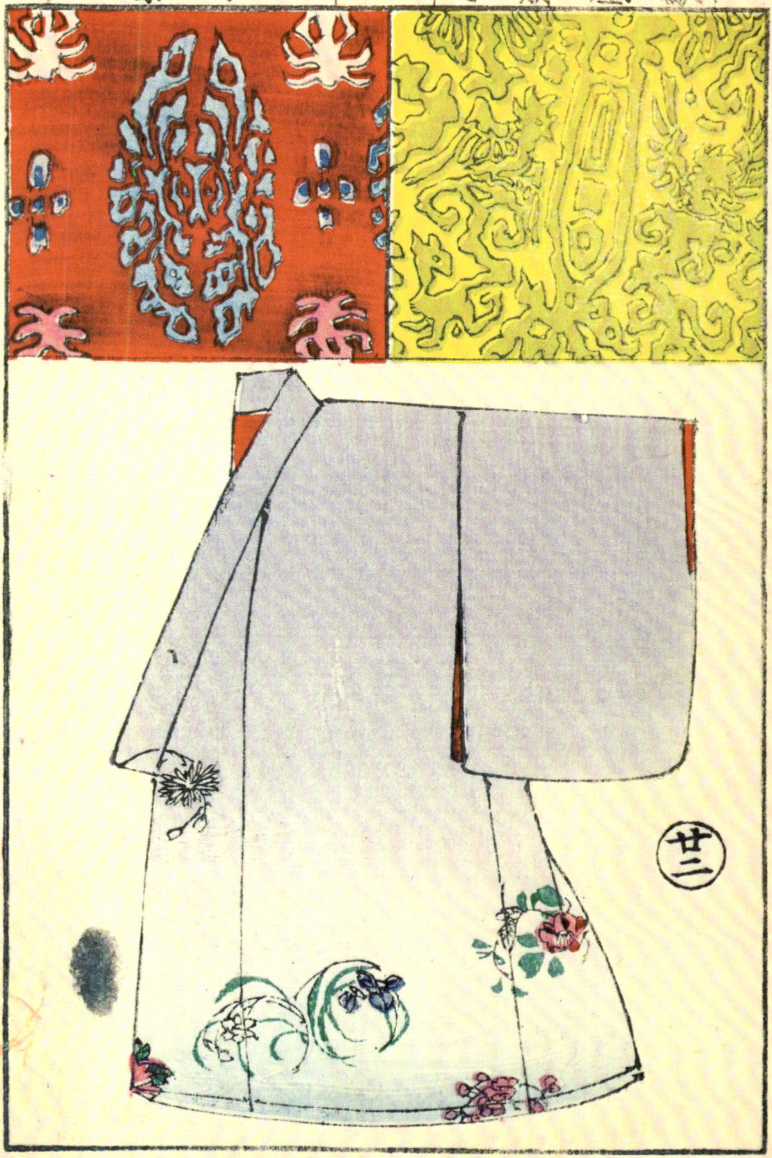

雲鳥錦　　柳江燕

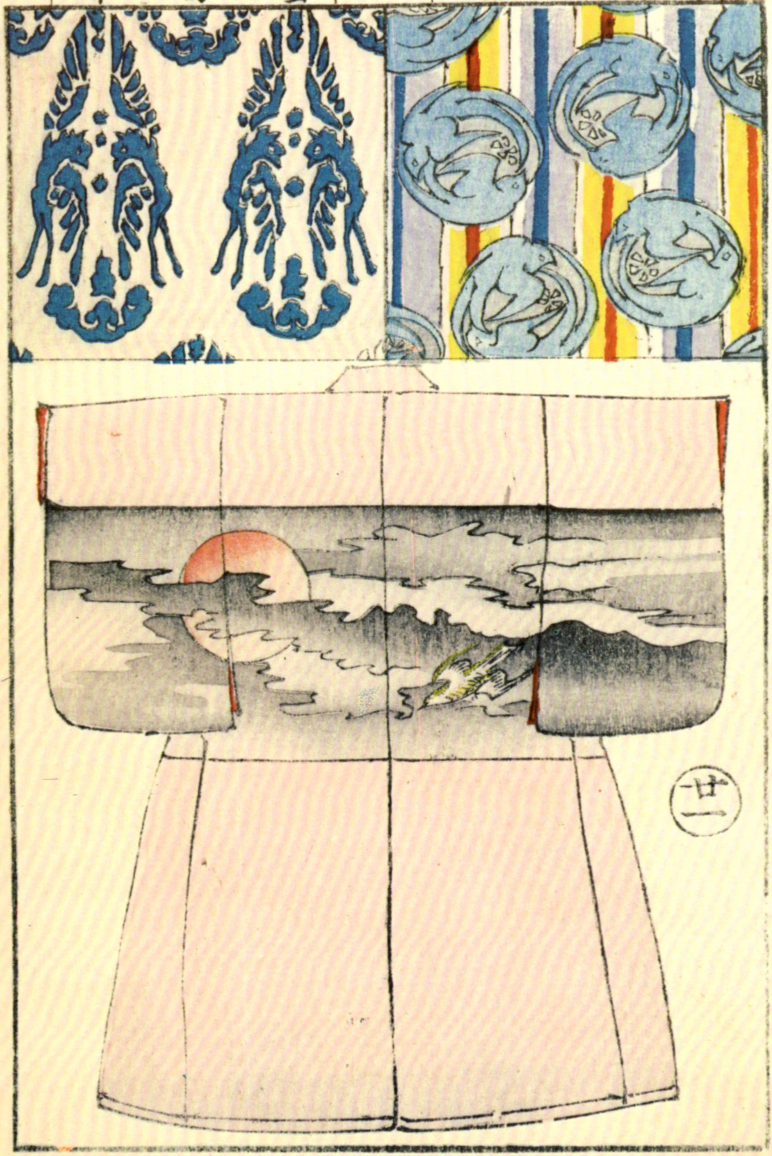

廿二

唐錦

桐に千切

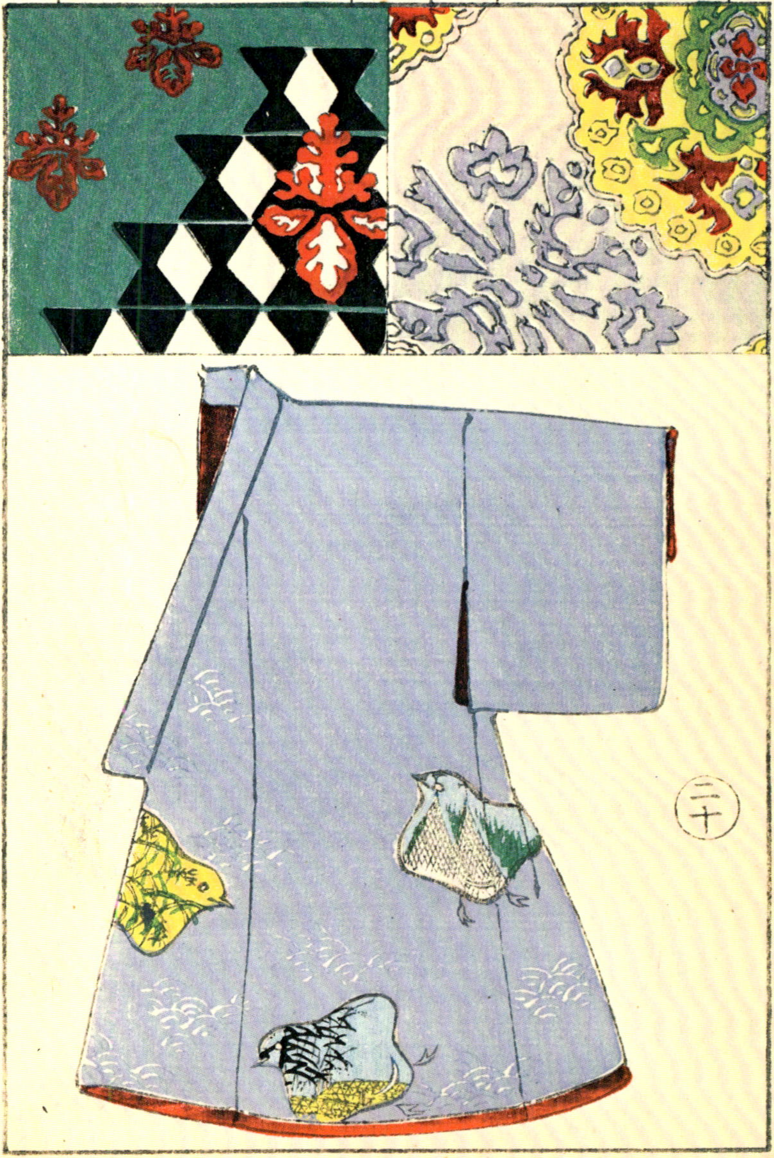

波に鶴

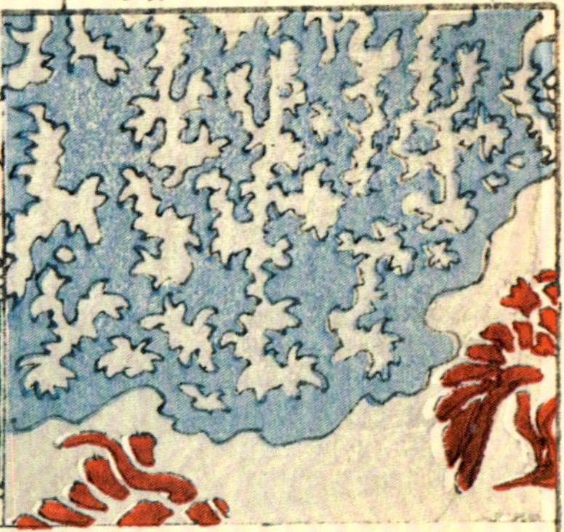

唐花崩

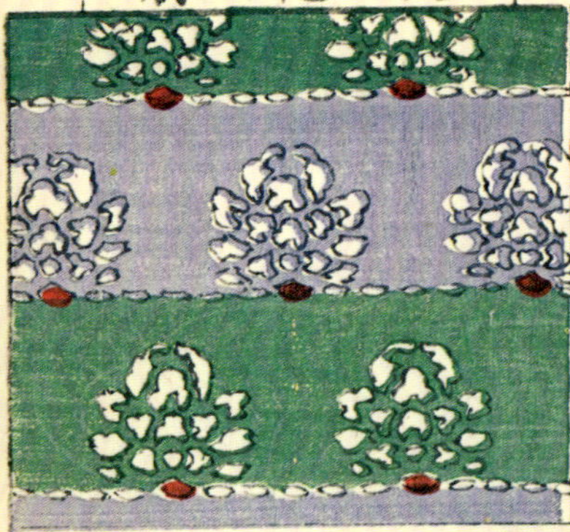

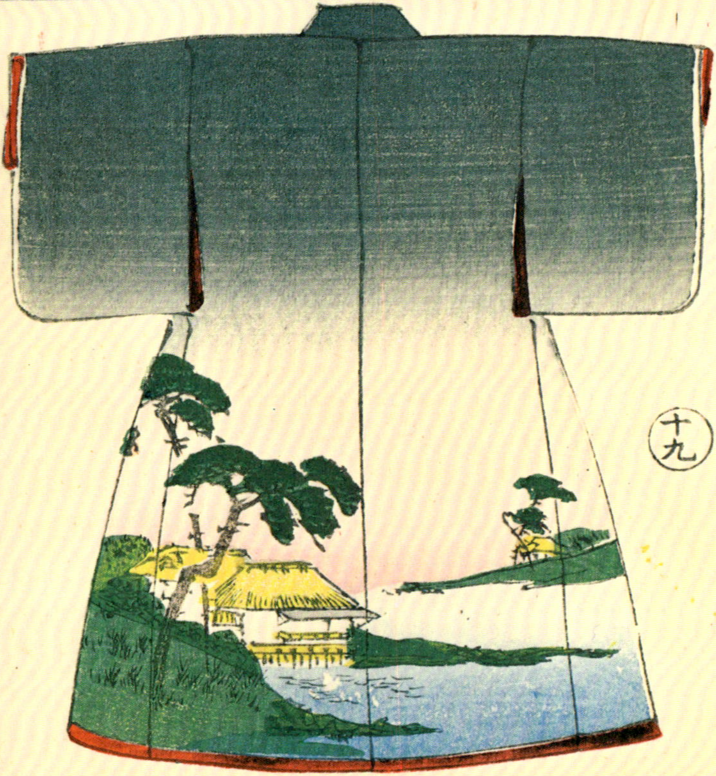

十九

鶴の丸縞錦

蔓唐花の丸

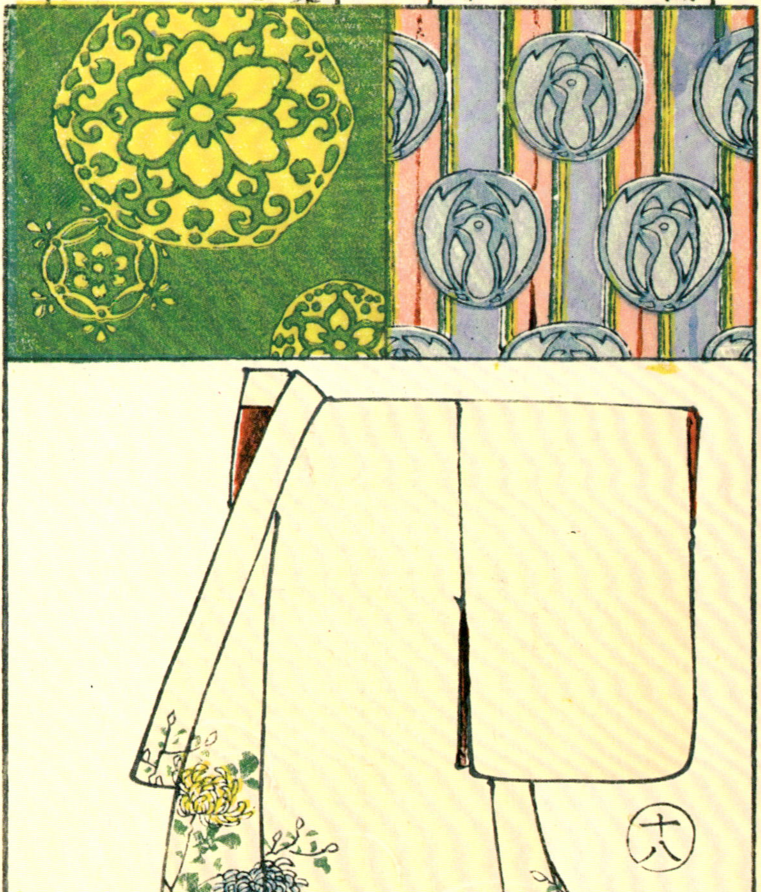

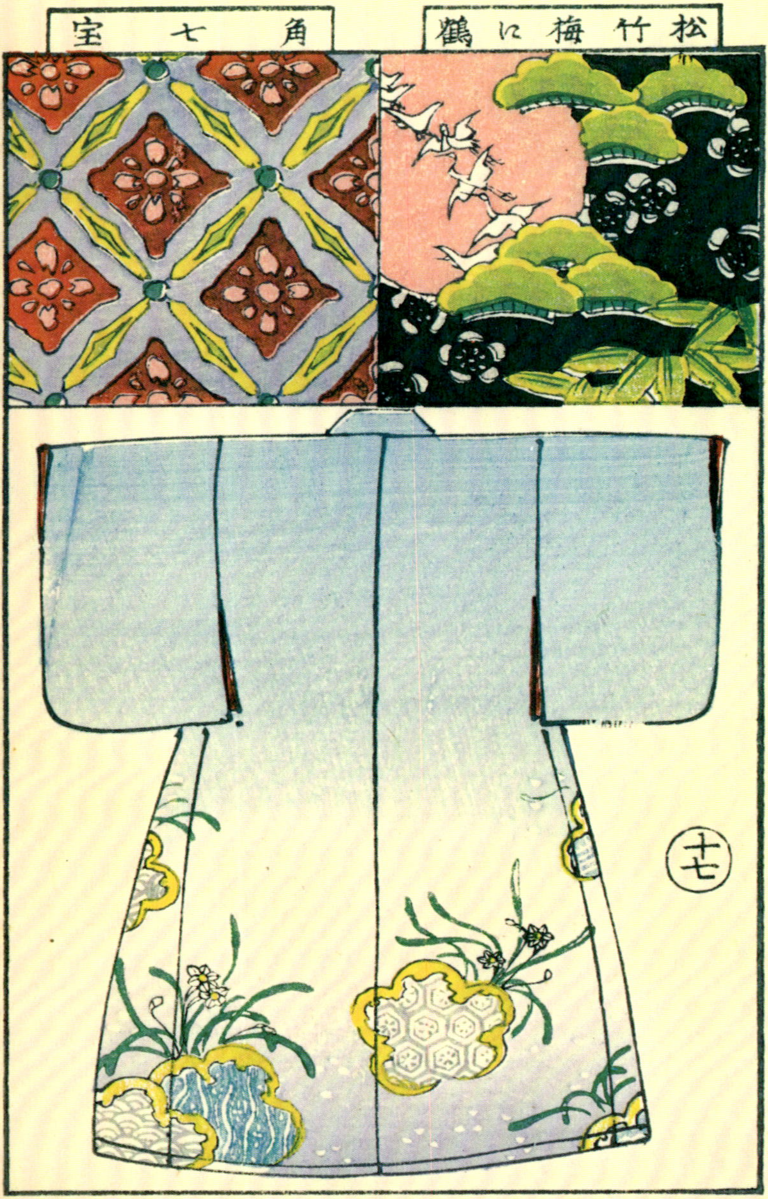
角七宝
松竹梅に鶴
十七

七夕

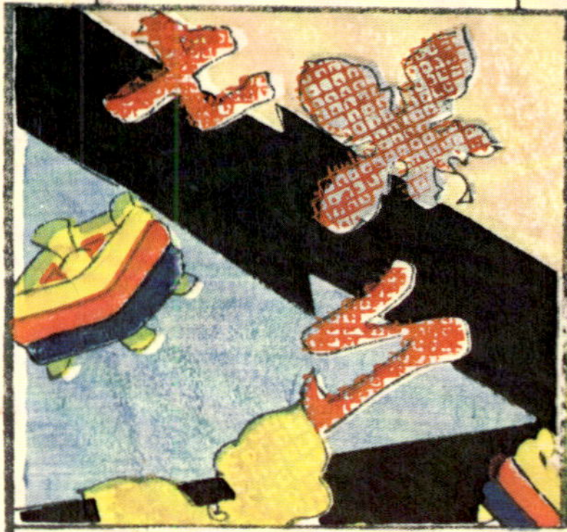

變り蜀江

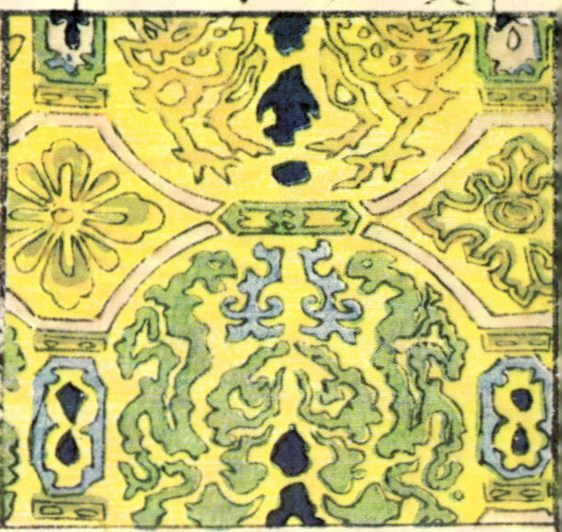

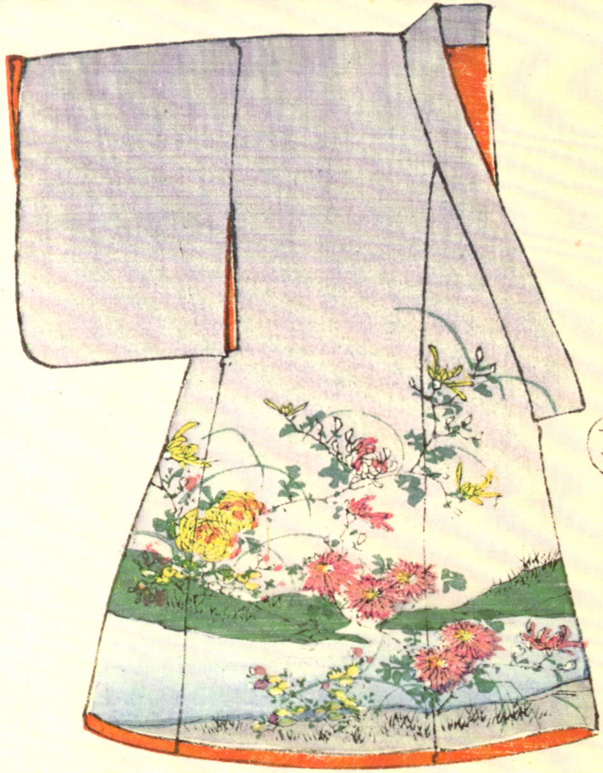

十六

蔓唐花崩

輪捧崩

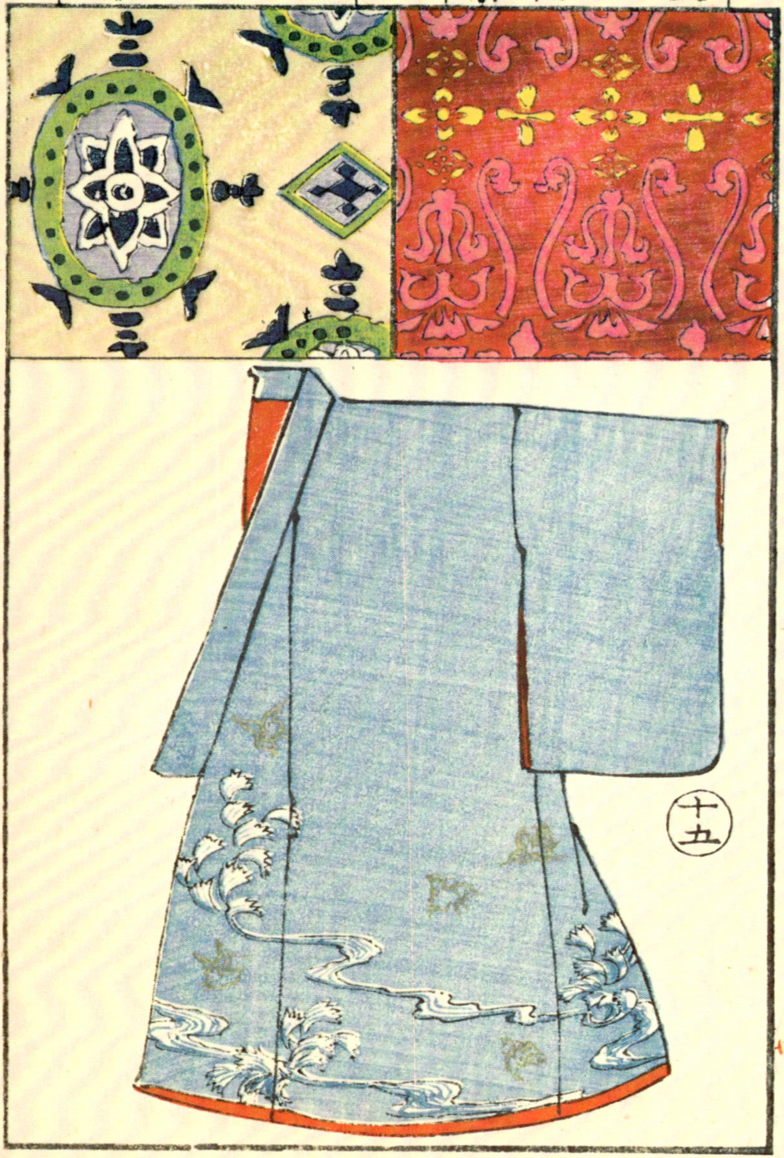

花鳥錦

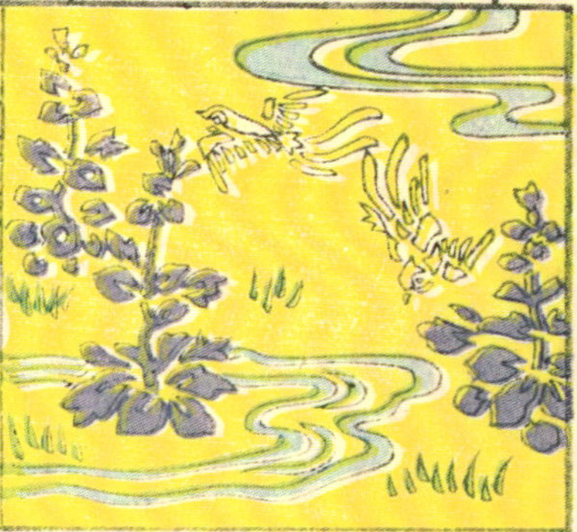

唐織

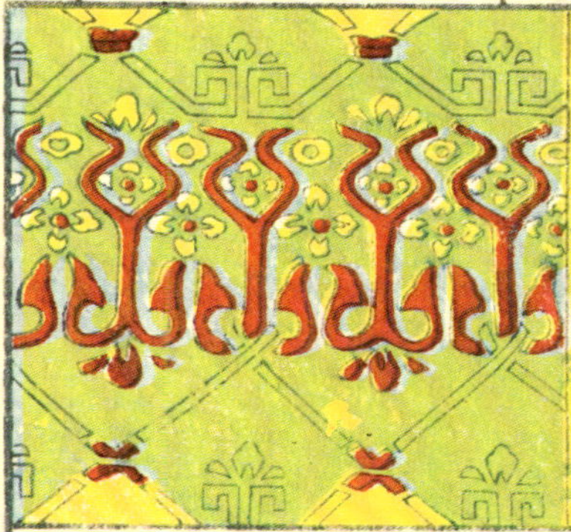

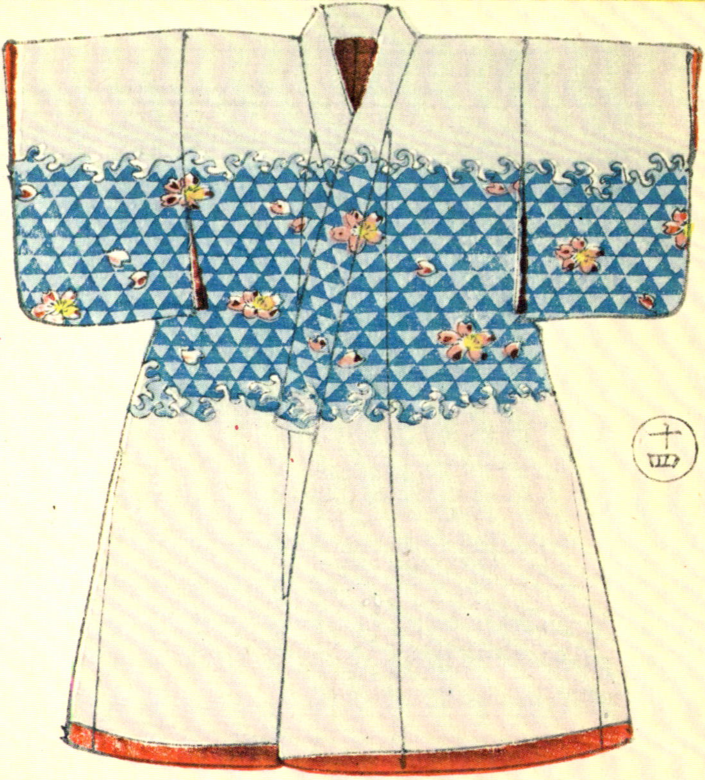

十四

龍安寺

祇園崩

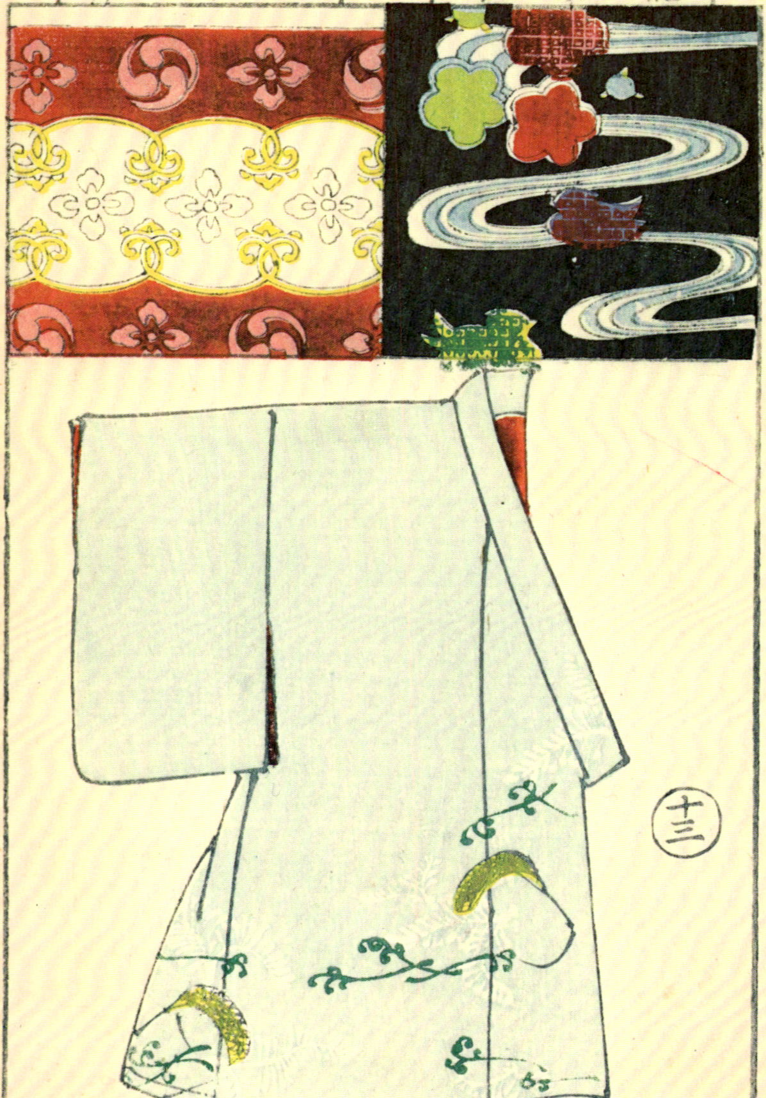

松の琴柱　　木瓜唐花

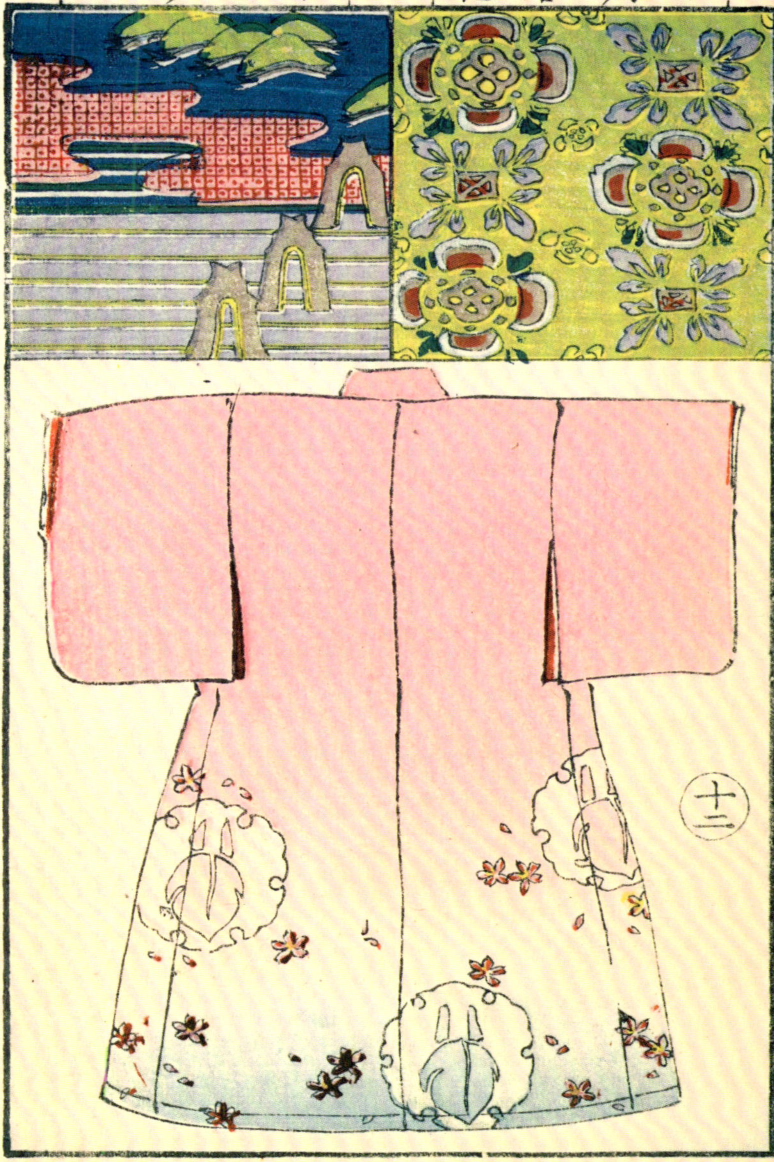

轡繋　　縞錦變り牡丹

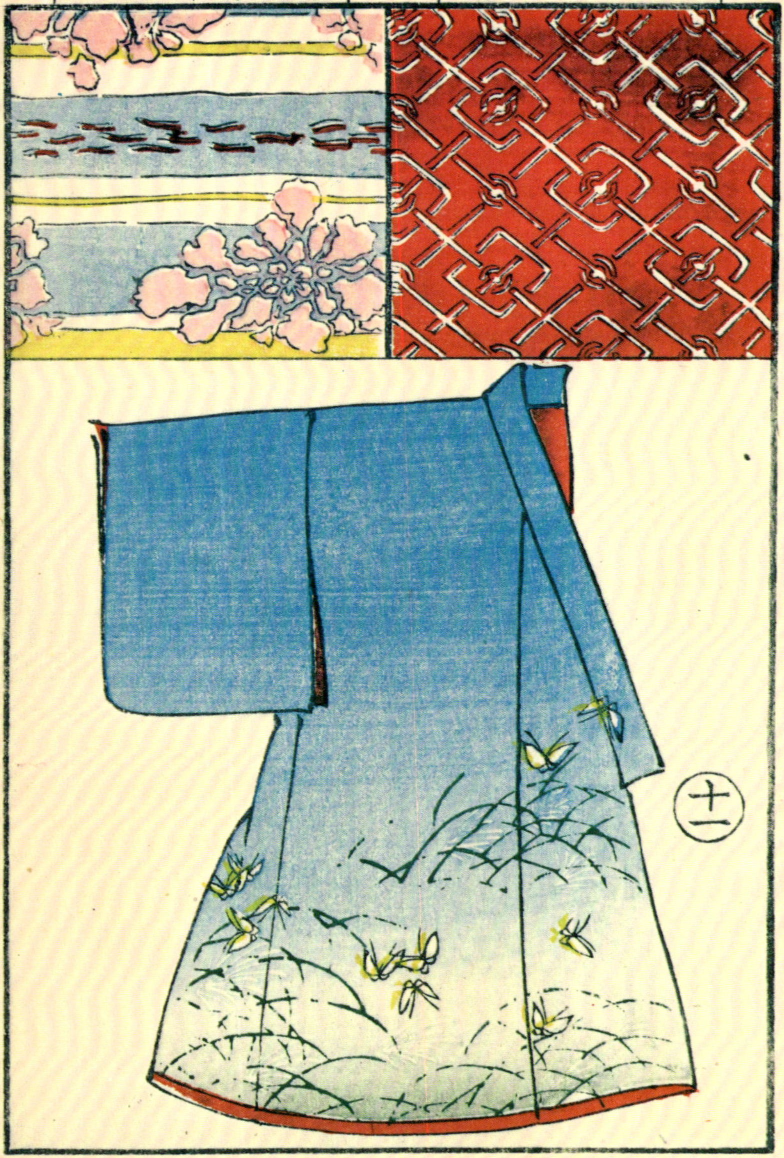

十一

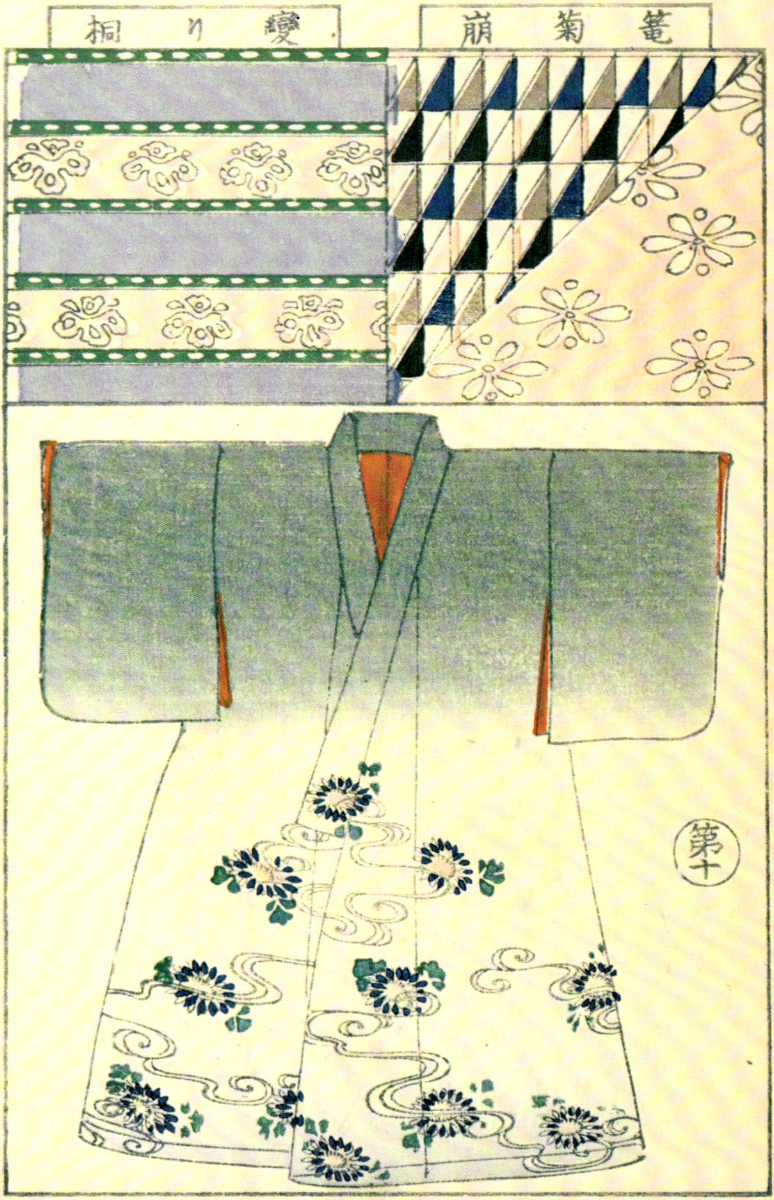
篭菊崩
變り桐
第十

手遊模様

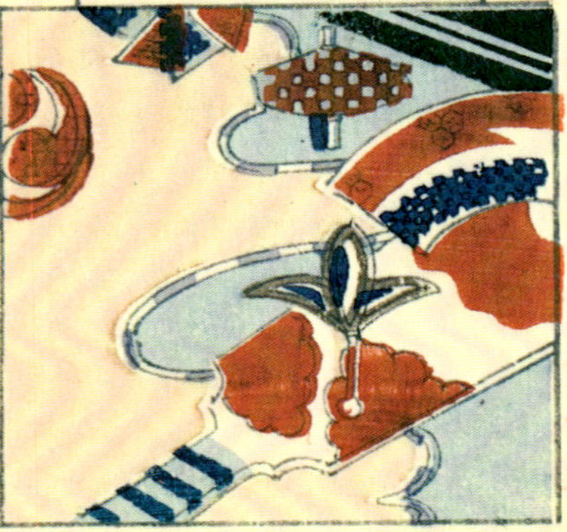

古代錦

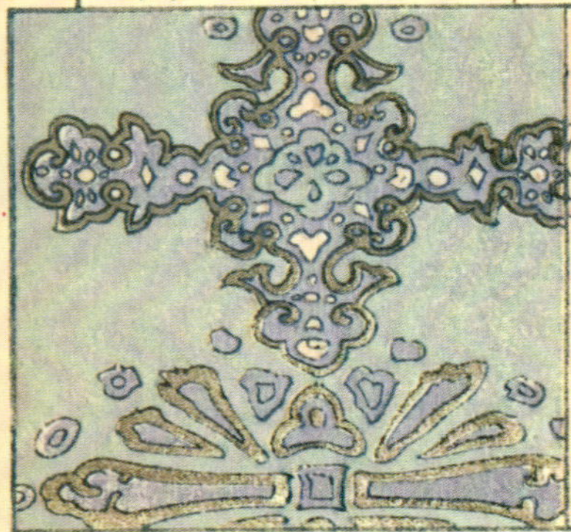

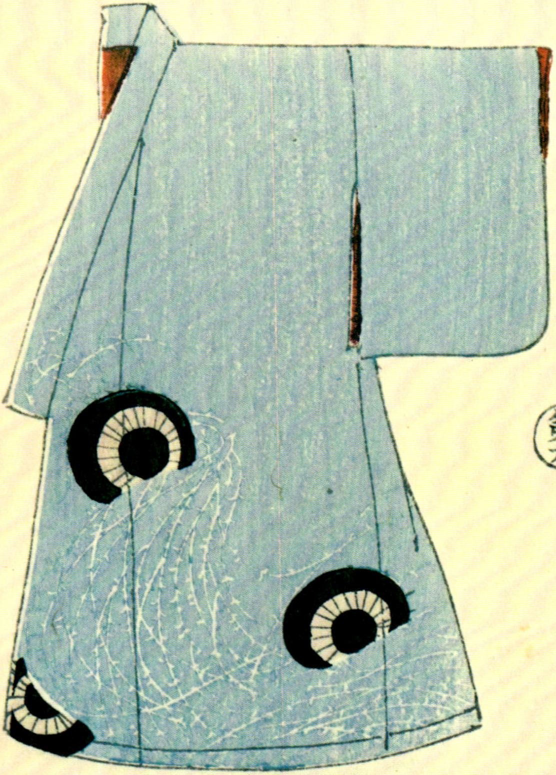

第九

竪縞瓜錦

竪涌崩

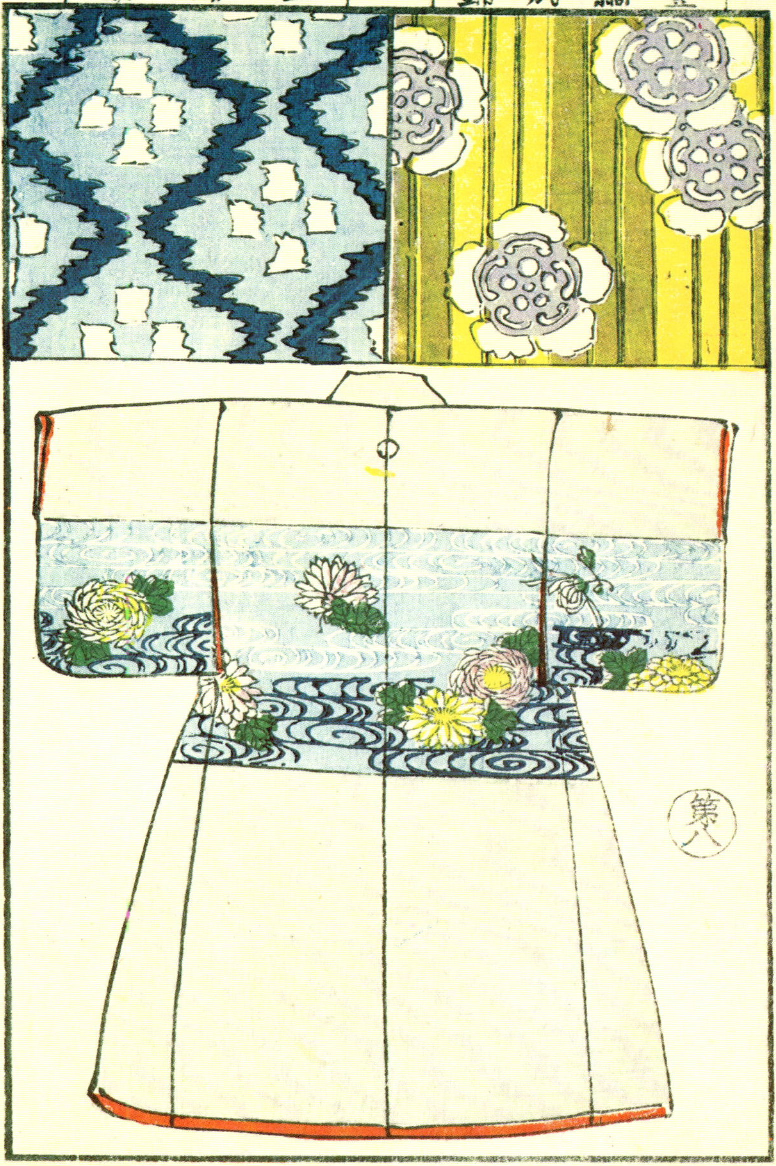

米字繋　古代有職

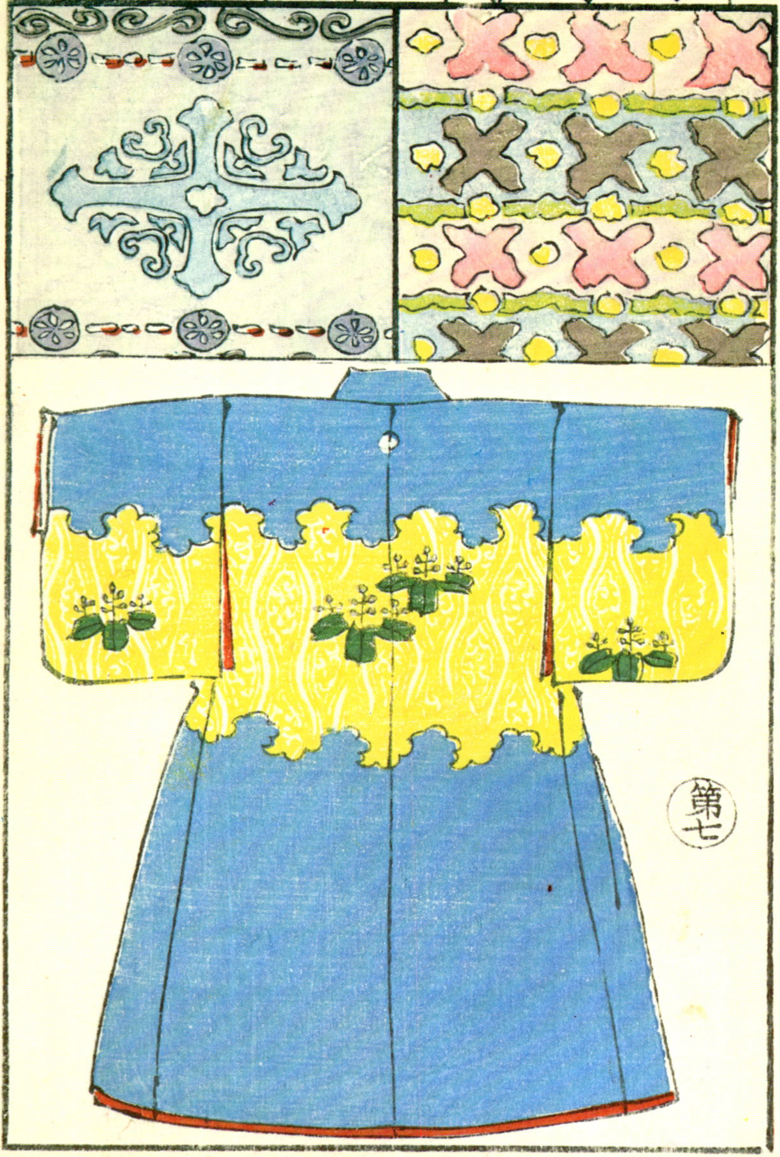

第七

有職四つ目繋　海底

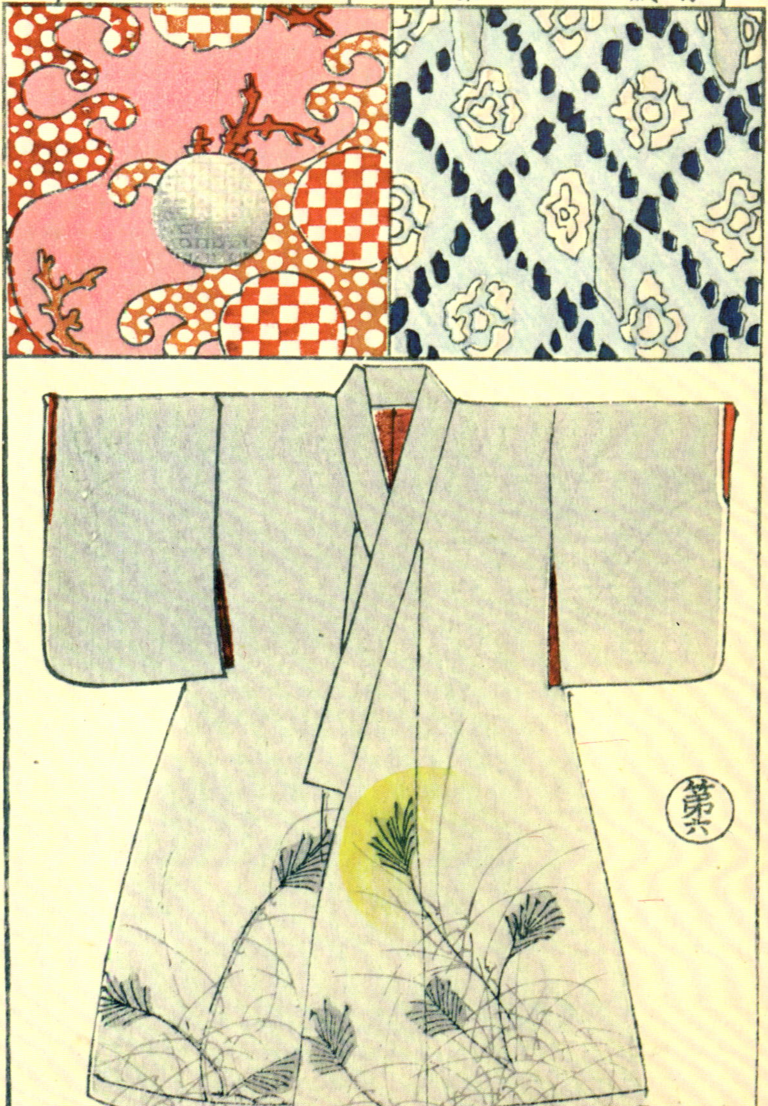

第六

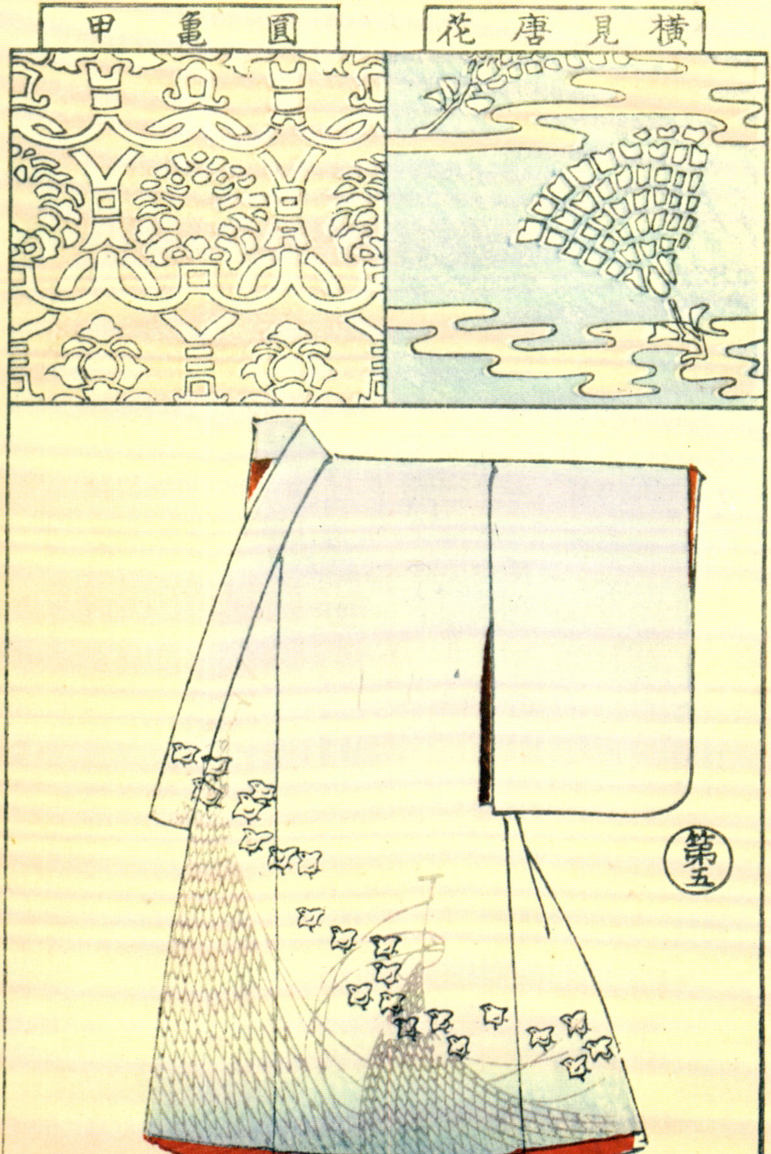
圓亀甲
横見唐花
第五

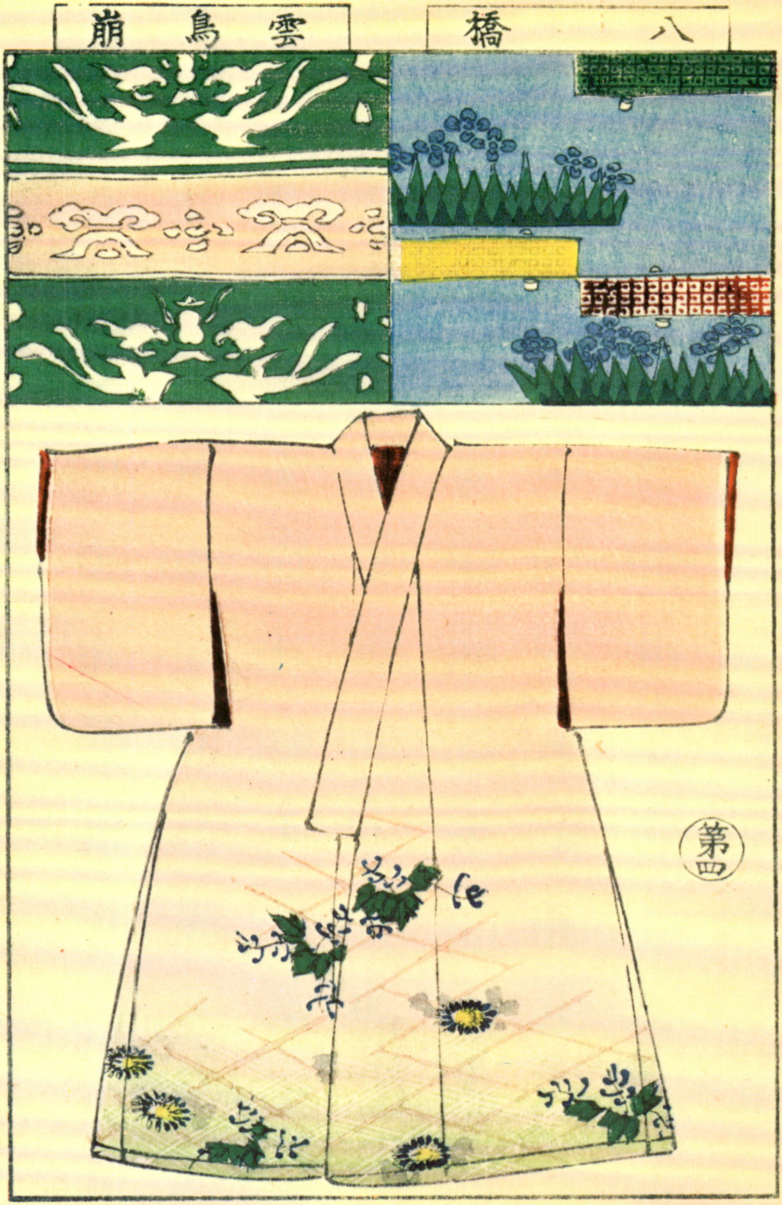

雲鳥崩
八橋
第四

籬瞿麥　　三段織

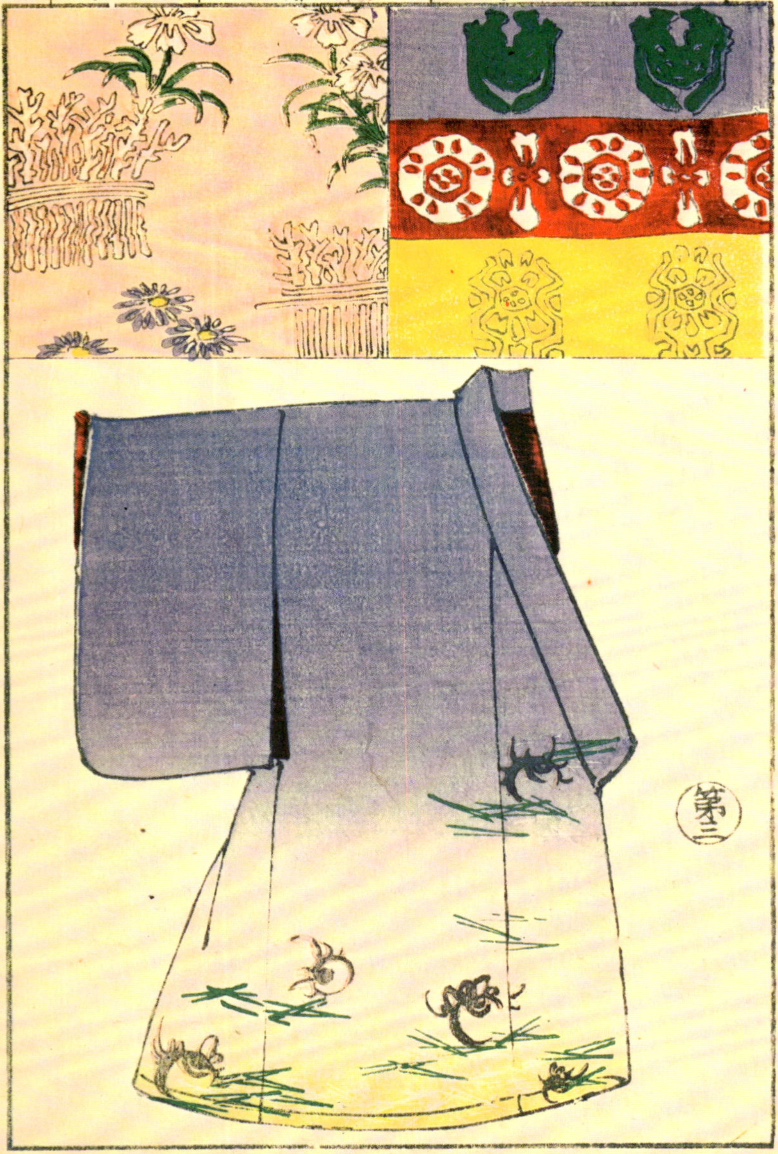

蔓唐艸

都の秋

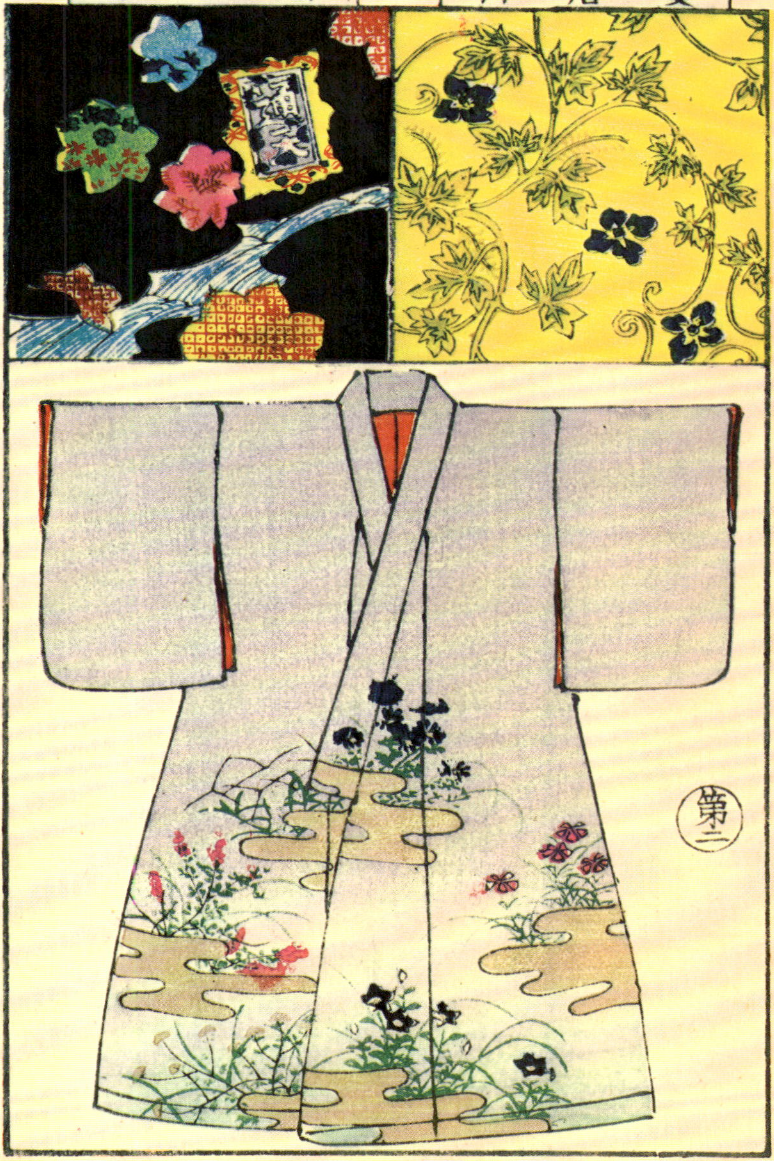

霞に雁

花鳥錦

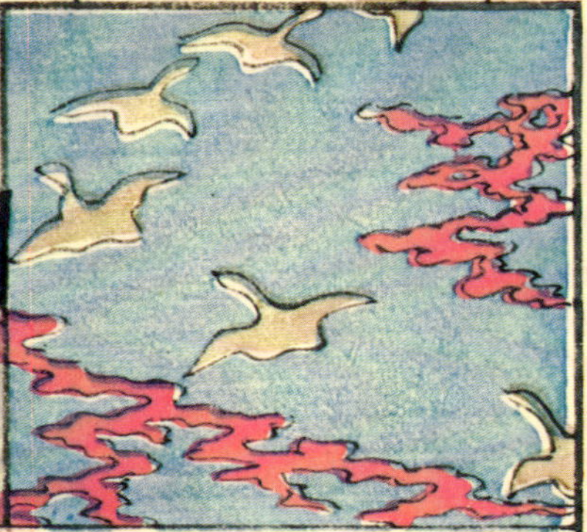

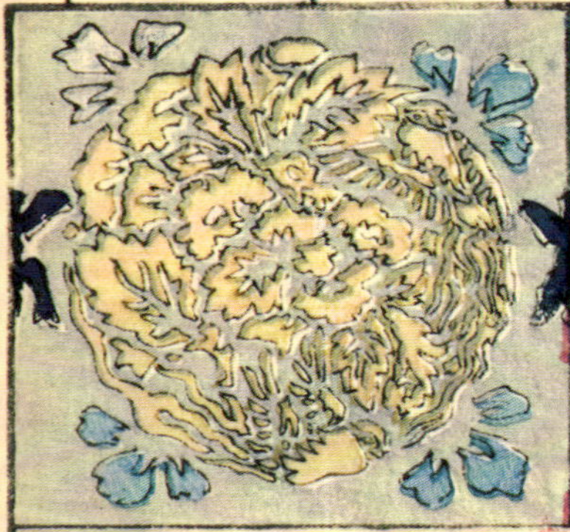

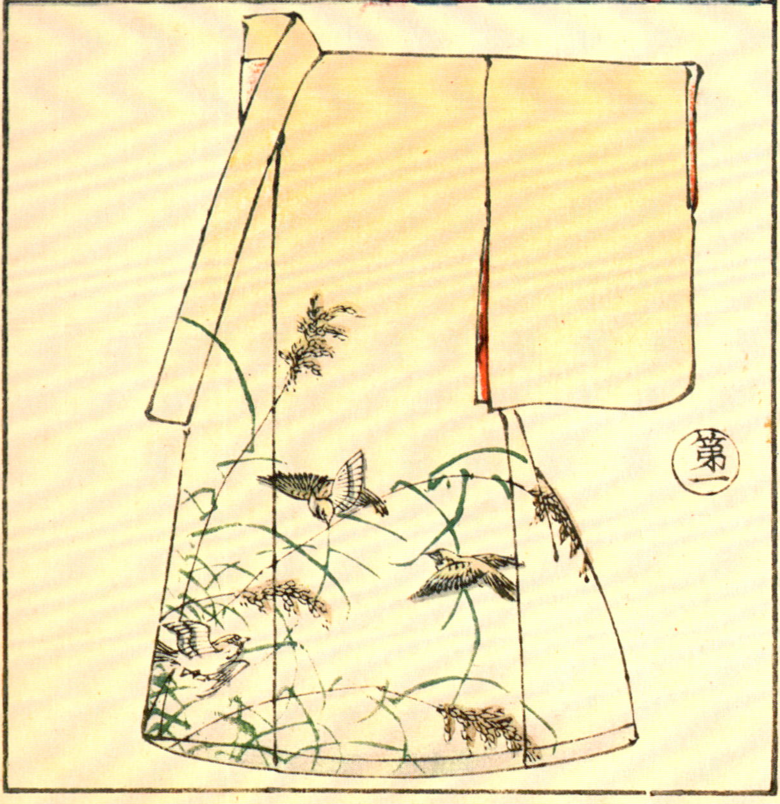

明治廿六年三月

鐵齋散人

意匠斬新

Der japanische Kimono

Von Peter Thiele

Wie jedes eigenständige Kleidungsstück, so ist auch der japanische Kimono das Produkt einer langen Entwicklung. Dieses äußerst praktische Gewand ist ideal den klimatischen Verhältnissen des japanischen Inselreiches angepaßt.

Nach jüngsten archäologischen Forschungsergebnissen in Japan lassen sich die Spuren der Web- und Färbetechniken bis in die Jomon-Periode (7290–300 v. Chr.) zurückverfolgen. Insbesondere auf den berühmten Yayoi-Gefäßen (300 v. Chr.–250 n. Chr.) sind Darstellungen von gewebten Kleidungsstücken nachgewiesen, wobei als Materialien offensichtlich Hanf, Bastfasern und bearbeitete Rinde des Papiermaulbeerbaumes verwendet wurden.

Chinesischen Quellen zufolge wurden Webarbeiten aus Japan erstmals in der Zeit der «Drei Reiche» eingeführt. Die Staatsannalen berichten beispielsweise, der König der Wei-Dynastie habe in den Jahren 238–243 n. Chr. Yamato- und Kosei-Brokate von der japanischen Kaiserin als Geschenk erhalten. Japanische Chroniken überliefern die Nachricht, der japanische Tenno habe im Jahre 188 n. Chr. einige Seidenraupen als Gastgeschenk aus China erhalten. Damit wurde nun auch in Japan der Grundstock für die Seidenraupenzucht gelegt, die zu jener Zeit im Reich der Mitte bereits in voller Blüte stand. Später sollen chinesische Einwanderer aus den traditionellen Seidenprovinzen Henan, Shantong und Jiangsu nach Japan gekommen sein, die im großen Stil mit Seidenraupenzucht und Seidenproduktion – der Grundlage späterer Kimonofertigung – begannen.

Mit der umfassenden Übernahme chinesischer Kultur in der Tangzeit (6.–10. Jahrhundert n. Chr.) übernahmen die Japaner auch Webtechni-

ken, neue Textilarten und -muster von den Chinesen. Recht gut erhaltene Textilfragmente aus der Asuka-Nara-Zeit (552–794 n. Chr.) befinden sich noch heute im kaiserlichen Schatzhaus Shōsōin von Nara, in dem seit dem Jahre 756 n. Chr. nicht nur hochwertige Textilien, sondern auch Gegenstände aus Metall und Holz – hier insbesondere Lackarbeiten – gesammelt und aufbewahrt wurden.

Nach alten Darstellungen sowohl in Höhlenmalereien an der Seidenstraße als auch auf bemalten Textilien aus dem Shōsōin sind hier, im China des 6. Jahrhunderts, die Vorläufer der Kimono-Formen zu suchen. Da die Seidenstraßen auch kulturelle Leitwege waren, muß es kein Zufall sein, wenn in japanischen Gewändern Ähnlichkeiten mit altgriechischen Formen bzw. dem Faltenwurf der römischen Toga festzustellen sind. Wie bis heute in Japan üblich, so wurden damals schon Formen und Inhalte von außen übernommen, um sie im Innern des Landes weiterzuentwickeln, anzupassen und zu höchster Vollendung zu führen. Ein charakteristischer Zug des japanischen Volkes kommt hier zum Vorschein.

Schon zur Narazeit wurden die Textilien nach ihrer Stärke und der Qualität des Fadens katalogisiert. So unterschied man damals schon Aya- von Nishiki- und Tsuzure-Qualitäten, die alle nach höchstkomplizierten Webtechniken gefertigt wurden. Auch teilweise bis heute tradierte Färbetechniken wie Kokechi (= Shibori, d. h. eine Art Batikverfahren) und Kyokechi (Färben mit Hilfe von Schablonen) waren zur Narazeit voll entwickelt.

Die japanischen Hofdamen ahmten damals die reichen und schweren Brokatgewänder ihrer Vorbilder am chinesischen Kaiserhof – wenn auch schon mit einigen Neuerungen in Schnitt und Farbgebung – nach. In Japan wurde die neue Mode mit etlichen Stoffhüllen, die in der Folge zum Kimono stilisiert wurden, als *Junihito* («Zwölf-Lagen-Gewand») bezeichnet. Im 10. Jahrhundert hatten die Japanerinnen weitgehend ihren eigenen Bekleidungsstil gefunden, der nur noch geringe Spuren chinesischer Tangeinflüsse zeigte.

Es muß jedoch festgehalten werden, daß es nur die Kleidung der Oberschicht war, die sich bis ins 13. Jahrhundert in Anlehnung an frühere chinesische Einflüsse, wie eben skizziert, entwickelte. Das, was wir heute unter Kimono verstehen, hat sich erst seit dem 13. Jahrhundert allgemeingültig in Japan entwickelt und wurzelt nur zum Teil in der Bekleidung der Oberschicht – nämlich im Nō-Gewand. Seine andere Wurzel ist der Kosode, ein volkstümliches Kleidungsstück, das im Gegensatz zu der klassischen höfischen Kleidung des Nō-Theaters die «kleinen Ärmel» (= wörtliche Übersetzung des Begriffes *kosode)* betonte.

Das Gegenstück zum Kosode ist der Hirosode oder Osode, das Gewand mit «weiten Ärmeln». Der Hirosode bedeckt die Körperformen durch seinen günstigen Schnitt ideal und kommt vor allem der hocken-

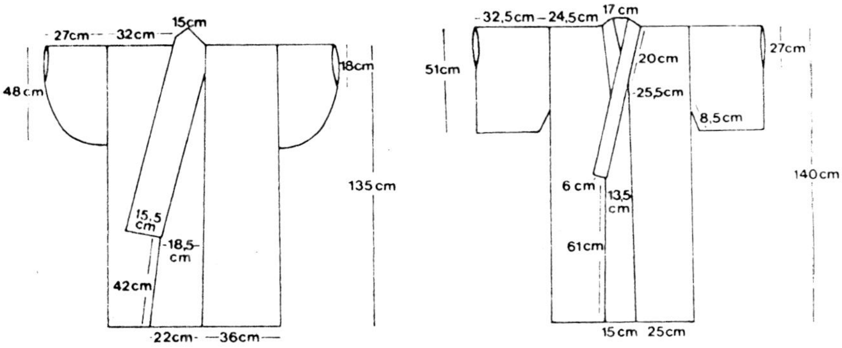

Zwei typische Kosode-Schnittformen, die Ärmel links abgerundet, rechts rechtwinklig

den Sitzweise der Japaner entgegen. Anstelle von Knöpfen, Haken und Ösen wird der Hirosode wie ganz allgemein der Kimono durch Gürtel, Schlaufen und Bänder zusammengehalten. Männer- und Frauengewänder unterscheiden sich im Design und in der Farbgebung grundlegend, im Schnitt nur geringfügig. Frauengewänder sind geblümt, Männergewänder häufig mit geometrischen Mustern versehen. Ein Hirosode für Damen ist ferner dadurch zu erkennen, daß der Halsausschnitt schräg geschnitten ist.

Die Entwicklung zur vollen Entfaltung des Kimono (ki = anziehen, mono = Gegenstand) liegt in der Edo- bzw. Tokugawa-zeit (1603 bis 1868). In dieser Periode kulturellen Aufschwungs und des Aufstiegs der bürgerlichen gesellschaft Japans verschmolzen mehr und mehr die aus dem höfischen Nō-Theater und dem aus dem bürgerlich-bäuerlichen Milieu hervorgegangenen Gewandformen. Alle Bevölkerungsschichten sahen nun im Kimono ein kunstvolles Gewand, er avancierte zur Nationaltracht der Japaner.

Zum besseren Verständnis dieser Entwicklung soll auf die beiden Vorformen des Kimono näher eingegangen werden.

*

Beim Kosode sind die Ärmel bis zu zwei Dritteln zugenäht, beim Hirosode sind sie durchgehend offen. Während vom 14.–16. Jahrhundert der Kosode von der Oberschicht als Untergewand getragen wurde, trugen die einfachen Menschen ihn in derselben Zeit bereits als Obergewand. Ein Kosode unterscheidet sich in seinen Maßen nur geringfügig von anderen, wie der Skizze zu entnehmen ist.

Der Kosode wurde während der Muromachi-Zeit (1336–1568) durch die Verlagerung der Macht vom zentralen Kaiserhaus in die Hände des kriegerischen Standes der Samurai das Nationalgewand; denn mit dem höfischen Prunk lehnten die Samurai auch die bis dahin herrschende, recht unpraktische und kostspielige Mode der «zwölf-Lagen-Gewänder» ab. Sie bevorzugten schlichte, einfache Gewänder für ihre Frauen. Im Kosode hatte die Trägerin zudem viel mehr Bewegungsfreiheit als in den komplizierten früheren Hofgewändern. Diese «Lockerung» der Kleidung, die beim Volk ja schon immer vorhanden war, dürfte ein ausschlaggebender Faktor für die rasche Verbreitung des Kosode gewesen sein.

Trotz dieser Vereinheitlichung blieben erhebliche Unterschiede zwischen den Kleidungsstücken der Reichen und der Armen bestehen. erstere bevorzugten bessere und teurere Stoffe, höherwertige Färbetechniken bzw. differenziertere Musterungen beim Weben und ausgefeiltere Designs. Schnitt und Maße des damaligen Kosode sind mit nur geringfügigen Abweichungen bis heute erhalten geblieben.

Ein Kosode besteht aus einfachen, rechtwinklig geschnittenen Stoffbahnen, die durch eine Mittelnaht am Rücken zusammengehalten werden. An den Vorderseiten sind Keile bis zum Halsausschnitt angesetzt. Diese können variabel gestaltet sein. Ferner ist ein Kragen aufgesetzt. Die Ärmel sind rechtwinklig angenäht. Sie können (siehe Skizze) auch gerundet sein. Diese spezifischen Gewandformen kommen der Verpakkung zugute. Man kann einen Kimono durch rechtwinkliges Zusammenlegen so gut verpacken, daß er genau in eine Kleidertruhe paßt.

Mit der Ablehnung des früheren mehrschichtigen Gewandes zugunsten des hitoe-gi («einschichtigen») Kosode ging auch eine Wandlung in der Webtechnik und im Design einher. Das Design – früher in komplizierter Technik eingewebt – wurde jetzt von Hand aufgemalt oder im Ikatverfahren eingefärbt. Aus dem ausland, in erster Linie aus China, wurden für die Kosode-Herstellung neue Textilien wie der Kinran (Goldbrokat), der Donsu (Seidendamast) und der Chirimen (Crêpe) übernommen. Diese neuen Werkstoffe hatten bereits am Hofe der Mingkaiser (1368–1644) und bei den chinesischen Mandarinen (Provinzstatthaltern) Berühmtheit erlangt. Selbst aus Europa kamen durch spanische Seeleute Wollstoffe und Samt nach Japan, um hier zu Kosode-Bahnen verarbeitet zu werden.

In der Tokugawa-Periode (1603–1867) wurden unzählige neue Färbe- und Textilbearbeitungsverfahren entwickelt, die zu einer unerschöpflichen Vielfalt bei der Kimonoherstellung führten.

Vor allem zwei Formen des Kimono bzw. Kosode kristallisierten sich in dieser Zeit heraus, die besonders vom europäischen Betrachter bewundert werden: das Festgewand *Furisode* und das Übergewand *Koshimaki.* Nach Nienholdt gehörte letzteres zur «sommerlichen Zeremonialtracht» der Hofdamen; um die Hüften gewickelt, hingen Schulterteil und Ärmel herunter. Ein weiteres Erkennungszeichen dieser Form des Kimono ist der durch Watte verstärkte und abgesteppte Saum.

Die volle Entfaltung im Design erreichten die Japaner durch die sogenannte Yuzen-Färbetechnik, benannt nach dem Färbemeister Yuzen. Bei dieser Methode entstehen die Muster dadurch, daß Reispaste zum Abdecken und der Saft der Tsuyukusa-Blume (Commelina communis) zum Einfärben auf den Stoff aufgetragen werden.

Mit dem Beginn der Neuzeit (Meiji-Periode 1868–1912) setzten weitere Veränderungen in der Kimonoherstellung ein. Durch die Übernahme westlicher Färbetechniken, vor allem durch Einführung der Anilinfarben, des mechanischen Webstuhls und der Kunstfasern ergaben sich neue Perspektiven für die Kimonofertigung.

Zu jedem Kimono gehört ein Gürtel, den die Japaner *Obi* nennen. Bis in die Edozeit legte man keinen großen Wert auf die Länge, die Gestaltung und die Farbgebung des Obi. Die frühen Gewänder, vor allem die Untergewänder (Hakama), wurden mit einem einfachen, meist schmalen Gürtel zusammengehalten. Heute wird dem Obi mehr Aufmerksamkeit geschenkt als dem Kimono und er kostet oft mehr als das gesamte Gewand. Die aus China eingeführten schweren Brokat- und Seidendamaststoffe eigneten sich besser für den Gürtel als für den Kosode. Im 17. Jahrhundert entwickelte sich daher der Obi zum ebenbürtigen Kleidungsstück neben dem Kosode, d. h. der Gürtel wurde breiter gewebt, die Materialien dazu wurden teurer und qualitativ hochwertiger. Auch die Maße wurden jetzt festgelegt. Entsprechend der

Webbreite mißt ein Obi 60 cm in der Breite. Er kann eine Länge von 3,65 m bis 4,60 m aufweisen. Eine Stoffbahn von diesen Abmessungen wird mit Seidenfutter versteift.

Der Obi kann auf verschiedene Art gebunden werden, wobei die Unterschiede in der Bindung die soziale Stellung der Kimonoträgerin andeuten. Die Japanerinnen haben hier eine Fülle teilweise subtiler Unterscheidungsmerkmale entwickelt. Eine Kurtisane z. B. war und ist auch heute noch an der vorderseitigen Schleifenbindung des Obi erkennbar. Die Ehefrauen der früheren Samurai trugen die Knotenbindung auf dem Rücken, was aus vielen japanischen Malereien und Holzschnitten belegt ist. Das, was bei uns heute oft als «Fallschirm» bezeichnet wird, ist die Obibindung in Form einer abstehenden Schmetterlingsschleife des jungen, unverheirateten Mädchens, während die Braut und die verheiratete Frau eine flache, recht kompliziert gebundene Schleife auf dem Rücken tragen.

Der Obi muß immer farbharmonisch zum Kimono abgestimmt sein. Festtagsobis sind oft zehnmal wertvoller als der Kimono selbst. Sie werden von Generation zu Generation vererbt und sehr sorgfältig in eigens dazu angefertigten und ausgesuchten Schachteln aufbewahrt. Da die Bindung eines Obi recht kompliziert ist, wird beim Anziehen des Furisode meist eine Helferin mit herangezogen.

Die Gürtelbindung bei Männergewändern, z. B. beim Yukata, dem traditionellen Hauskimono für Männer, ist viel einfacher. Der schmale, oft einfarbige Gürtel wird mehrmals um die Taille gebunden, zuerst seitlich verknotet und dann auf den Rücken geschoben.

*

Die andere Entwicklungslinie, die zum Kimono führt, nimmt ihren Ausgang von den Nō-Kostümen. Die Nō-Spiele, wie alle Theaterformen aus dem religiösen Bereich hervorgegangen, wurden früher am Kaiserhof, dann auch an fürstlichen Höfen aufgeführt. Vom Inhalt her sind Nō-Stücke tragisch, ernst. Um eine solche Aufführung aufzulokkern, wurden burleske Szenen eingestreut, die der Japaner als Kyogen bezeichnet. Die optisch am stärksten in Erscheinung tretenden Bestandteile beider dramatischer Gattungen sind die Kostüme der Schauspieler. Entsprechend dem tragischen Gehalt der Stücke sind die Nō-Kostüme schwer, von erlesenen Stoffen mit anspruchsvollen Mustern. Die Nō-Schauspieler wirken in ihnen steif und ungelenk im Unterschied zu Menschen im leichten und anschmiegsamen Kosode.

Die schweren Kostümmaterialien entsprechen den langsamen Bewegungen der Schauspieler. Das Nō-Theater hat seine höchste Vollendung im 14. und 15. Jahrhundert erreicht. Es wurde hauptsächlich im Yamato-Distrikt, dem Gebiet um die ehemalige kaiserliche Hauptstadt Nara, entwickelt, später auch in anderen Präfekturen aufgeführt. Die beiden bekanntesten Nō-Schauspielverfasser sind Kannami Kiyotsugu (1333–1384) und sein Sohn Zeami Motokiyo (1363–1443), die durch ihre berühmte Aufführung von *Ima Kumano* im Jahre 1374 diese Theatergattung «hoffähig» machten.

Es war üblich, daß die Nō-Schauspieler, wenn sie am Fürstenhofe spielten, von den Angehörigen der Shogunfamilien getragene Kleider für ihre Aufführungen erhielten. Mit der Machtverlagerung vom Kaiserhaus auf die Provinzfürsten (Shogune) ging auch eine entsprechende Prunkverteilung einher, bei der die Shogune das kaiserliche Kostümwesen nicht nur nachzuahmen, sondern sogar zu übertreffen suchten. Eine Folge war der Brauch, den Theaterleuten, die den Fürsten Unterhaltung zu bieten hatten, abgelegte, oft nur wenig getragene Kleider zu schenken. Da die Schauspieler aus einer niedrigeren Schicht kamen, sahen sie es als besondere Ehre an, die immer noch hochwertigen, aber aus der Mode gekommenen Kostüme ihrer Herrschaften zu verwenden. Auf diese Weise mit den Trachten und Kleidern der Damen und Herren bei Hofe bekanntgemacht, blieb es nicht aus, daß mit der Zeit auch eigene Kostüme nach dem Vorbild der Shogune für die Nō-Aufführungen entworfen und geschneidert wurden. Von den Gaben der Fürsten profitierten zunächst die Anhänger der Kanze-Schule, die einst vom Vater Kannami und dem Sohn Zeami gegründet worden war. Später erhielten auch andere Nō-Gruppen von ihren Fürsten entsprechende Kostümausstattungen. Auf der Bühne also wurden die Kleider der Herrschenden allmählich popularisiert.

In einer Gesellschaft, in der die hierarchische Ordnung so ausgeprägt ist wie in Japan, konnte es nicht ausbleiben, daß eine Rangordnung bei den Nō-Kostümen eingeführt wurde. Diese Kostümordnung in der Edo-Zeit – jeweils vom Leiter einer Nō-Schule erlassen – besteht noch heute. So trägt z. B. ein hoher General oder Beamter das Nō-Kostüm *happi* oder *ho*, ein Gewand, das nur bis zur Hüfte reicht und gefüttert ist. Einen ungefütterten Happi trägt der Darsteller eines Angehörigen des Adels. Die gestifteten ehemaligen Hofgewänder wurden von den Theaterleuten in hohen Ehren gehalten, einige werden noch heute in Schauspielerfamilien aufbewahrt.

Zu den kostbarsten Nō-Gewändern zählen die *karaori* (chinesisches

gewebtes Gewand), die aus schweren Brokatstoffen, mit eingewebten Mustern, gefertigt wurden. Diese Stoffe kamen während der Mingzeit aus China und wurden später in Japan selbst hergestellt. Als bekanntester Webmeister für Karaori gilt Tawaraya, der zwei Arten einführte: Die Iroiri-Stoffe mit einer typischen Rotfärbung für die Rollen junger und die Ironashi-Stoffe («ohne Rot») für die alter Frauen. Während Karaori-Gewänder den Frauen vorbehalten waren (und noch heute sind), trugen die männlichen Darsteller Atsuita-Kimonos. Der Stoffname *atsuita* («dicke Bohle») stammt aus der Webtechnik, da beim Weben dieser Qualität die Schußfäden durch ein starkes Holzstück gepreßt werden. Atsuita-Muster sind im Vergleich mit Karaori-Designs weniger farbenfroh und auffallend.

Die angeführten Beispiele stellen nur die wichtigsten Formen der Nō-Kostüme dar. Nach Farbgebung, Design und Schnittmodifikation gibt es etliche Untergruppen. Neben der rangmäßigen Ordnung gibt es auch spezifische Kimonoformen für bestimmte Berufsgruppen im Nō-Theater. So tragen buddhistische Priester, Handwerker und Bauern auf der Bühne spezielle Kleidungsstücke, die heute für die Schauspieler angefertigt werden.

Die augenfälligsten Unterschiede im Kostüm und also im Kimono bestehen zwischen den eigentlichen Nō-Spielern und den Kyogen-Schauspielern. Kyogen-Darsteller verkörpern den einfachen Mann auf der Straße, den plumpen Bauern, der in die Stadt kommt und dort betrogen wird, den Spaßmacher, Tölpel und Narren. Im Gegensatz zu den aristokratischen Kostümen des Nō-Spiels finden wir daher beim Kyogen-Schauspieler die Robe des Volkes.

Schon die Materialien sind anders: Hanfgewänder, Baumwollstoffe und Rindenbaststoffe wurden verwendet. Als Motive der figürlichen Dekoration überwiegen Kalebassen, einfache Blumenmuster, Kormorane, Rettiche oder Waffen. Die Untergewänder (*hakama* = Hosen) weisen meist Streifenmuster auf. Die häufig auftretenden runden Formen im Gegensatz zum rechtwinkligen Schnitt der reinen Nō-Gewänder deuten auf nichtjapanische Einflüsse in den Kyogen-Kostümen hin.

*

Im Design des Kimonos ergibt sich eine Fülle von Variationen, die in Muster und Farbe symbolisch zu verstehen sind. Grob umrissen werden vier Hauptgruppen der Gewandgestaltung unterschieden:

1. Kata-suso: Horizontale Aufteilung im Muster und in den Farben.
2. Dan: Vertikale Aufteilung im Muster und in den Farben.

3. Katami-gawari: Aufteilung in zwei Gewandhälften mit unterschiedlichen Mustern und Farben.
4. Motivverteilung über das gesamte Gewand.

Die Designmotive umfassen eine weite Skala. Sie reichen von Familienwappen, buddhistischen Symbolen (Rad der Lehre, Knoten der Unendlichkeit, Swastika etc.), Tieren, Pflanzen und Natursymbolen (Wolken, Wellen, Berge, Flüsse) bis zu der Fülle von geometrischen Mustern, die in speziellen Vorlagebüchern zusammengefaßt sind und sowohl den Webern als auch den Färbern zur Verfügung stehen. Nicht nur sie, sondern auch die «höheren Töchter» benutzen solche Vorlagebücher wie das hier vorgestellte, um sich an ihnen zu orientieren, wenn sie z. B. gemeinsam mit Freundinnen oder Verwandten einem Hochzeits- oder Festtagskimono schneidern.

Noch heute trägt der Japaner seinen Kimono – entgegen vielen Behauptungen ist dieses schöne Gewand auch das praktischste im Fernen Osten geblieben.

Literatur

Kawakatsu, Kenichi, *Kimono.* Tokyo 1936.
Minnich, H. B., *Japanese Costume.* Tokyo 1963.
Nienholdt, Eva, *Kostümkunde.* Braunschweig 1961.
Noma, Seiroku, *Japanese Costume and Textile Arts.* Tokyo 1974.
Nomachi, K., *Japanese Textiles.* Leigh-on-Sea 1958.
Töpling, Beate, *Der japanische Kimono.* In: Baessler Archiv, NF. XXV 1977.

In der Reihe «Die bibliophilen Taschenbücher» sind in der gleichen sorgfältigen Ausstattung u. a. bereits folgende Bände erschienen:

Fotoessays

Band 180
Wolfgang Lauter
Tür und Tor
Zwischen drinnen und draußen. Nachwort von Lore Ditzen. 175 Seiten, 80 farbige Abbildungen

Band 216
Rolf D. Schwarz
Neon
Leuchtreklame in den USA. 112 Seiten, 88 Farbtafeln

Band 218
Wolfgang Lauter
Schöne Laden- und Wirtshausschilder
131 Seiten, 80 Abb. in Farbe

Band 275
Wolfgang Lauter
Fenster
Einblicke und Ausblicke. Nachwort von Kyra Stromberg. 163 Seiten, 80 farbige Abbildungen

Band 284
François-Xavier Bouchart
Cafés de Paris
Nachwort von Klaus-Peter Schmid. 93 Seiten, 71 Abbildungen in Farbe

Band 324
Nikolas von Safft
Haltestellen des Lebens
S-Bahnhöfe in West-Berlin. Nachwort von Nikolas von Safft. 92 Seiten, 75 Abbildungen

Band 392
Peter Andreas
Im Totengarten
Porträts berühmter Gräber. Nachwort von Hans Bender. 341 Seiten, 285 Abbildungen

Band 395
Jürgen Spohn
Kommen und Gehen
Treppenhäuser in Berlin. 101 Abbildungen in Farbe, 107 Seiten

Band 399
Wolfgang Lauter
Zäune und Mauern
Wo die eigene Welt anfängt. Nachwort von Kyra Stromberg. 162 Seiten, 81 Abbildungen in Farbe

Band 407
Jürgen Spohn
Oh, Manhattan
Bilder vom Menschen. 156 Seiten, 150 Abbildungen in Farbe

Band 422
Rolf D. Schwarz
Karneval in Venedig
Nachwort von Achatz von Müller. 141 Seiten, 87 Abbildungen, davon 76 in Farbe

Band 428
Jürgen Spohn
Augenreise durch die Provence
Ein Foto-Essay. 204 Seiten, 145 Abbildungen, davon 129 in Farbe

Band 432
Wolfgang Lauter
Passagen
Mit einem Nachwort von Manfred Sack. 145 Seiten, 102 farbige Abbildungen

Band 441
Carin Drechsler-Marx
Bowery
Bilder einer verrufenen Straße New Yorks. Vorwort von Kate Millett. Nachwort von Henry Marx. 169 Seiten, 104 Abbildungen

Band 446
Wolfgang Lauter
Treppen
Mit einem Nachwort von Kyra Stromberg. 167 Seiten, 82 Abbildungen in Farbe

Band 450
Jürgen Spohn
Nocturno Veneziano
Venedig bei Nacht. 130 Seiten, 70 Abbildungen in Farbe

Band 451
Lothar Alker/ Norbert Fischer
Wolken
Mit Texten aus den Werken Goethes. 127 Seiten, 41 Abbildungen in Farbe

Band 454
Wolfgang Lauter
Dächer und Giebel
Nachwort von Kyra Stromberg. 168 Seiten, 84 Abbildungen

Band 456
Jürgen Spohn
Anja
110 Seiten, 59 Abbildungen in Farbe

Band 466
Wolfgang Lauter
Ladeneingänge
Mit literarischen Texten. 161 Seiten, 87 Abbildungen in Farbe

Band 476
Jürgen Spohn
Relikte
Nachwort von Julius Posener. Reportage von Diana Schreck. 156 Seiten, 89 Abbildungen, davon 88 in Farbe

Band 481
Erwin Fieger
Inseln der Stille
Fotos von Kyoto. Mit literarischen Texten. 220 Seiten, 106 Abbildungen in Farbe

Band 484
Wolfgang Lauter
Balkone
Loggien, Erker, Dachterrassen. Mit literarischen Texten. Einleitung von Wolfgang Lauter. 167 Seiten, 84 Abbildungen in Farbe

Band 491
Jost Schilgen
Melancholie
Mit literarischen Texten.
167 Seiten, 68 Abbildungen in Farbe

Band 496
Wolfgang Lauter
Licht
Mit literarischen Texten.
Nachwort von René Zey.
192 Seiten, 82 Abbildungen in Farbe

Band 498
Heiner Sadler
Brücken
155 Seiten, 79 Abbildungen in Farbe

Band 504
Wolfgang Lauter
Das Leben der Bäume
Mit literarischen Texten.
Vorwort von Hildegunde Wöller. 135 Seiten, 61 Abbildungen in Farbe

Band 508
Rolf D. Schwarz
New Yorker Spiegelbilder
Mit literarischen Texten.
Reportage von Manfred Sack. 159 Seiten, 59 Abbildungen in Farbe

Band 521
Georg Eichinger/Dieter Sawatzki/René Zey
Im Café
Vom Wiener Charme zum Münchner Neon. 216 Seiten, 98 Abbildungen, davon 65 in Farbe

Band 522
Martin Thomas
Symbole der Wirklichkeit
Bilder zum Meditieren.
Mit literarischen Texten.
Einleitung von Herbert Witzenmann. 141 Seiten, 55 Abbildungen in Farbe

Band 523
Peter Mertz
Ankunft und Abschied
Bilder zum Meditieren.
149 Seiten, 52 Abbildungen in Farbe

Band 532
Wolfgang Lauter
Engel
Mit literarischen Texten.
170 Seiten, 77 Abbildungen, davon 76 in Farbe

Band 540
Jost Schilgen
Am Meer
Mit literarischen Texten.
190 Seiten, 81 Abbildungen in Farbe

Band 558
Anita M. Back/ Hermann Groeneveld
Basler Fasnacht
175 Seiten, 95 Abbildungen in Farbe

Band 572
Ulrich Schacht/Jürgen Ritter
Nicht alle Grenzen bleiben
Gedichte und Fotos zum geteilten Deutschland.
102 Seiten, 45 Abbildungen in Farbe

Band 580
Jürgen Spohn
Mitternacht
112 Seiten, 80 Abbildungen in Farbe

Band 583
Jochen Knobloch
Venezianische Metamorphosen
Winter an der Brenta. Mit literarischen Texten sowie einem Nachwort von Doris und Arnold E. Maurer.
120 Seiten, 69 Abbildungen in Farbe

Band 594
Jürgen Spohn
La casa mia
Bilder und Gedanken.
160 Seiten, 107 Abbildungen in Farbe, 15 Schwarzweißzeichnungen

Band 606
Hans Siwik/ Larissa Wassiljewa
Frauen in Moskau
Porträts in Wort und Bild.
200 Seiten, 46 Abbildungen in Farbe

Band 609
Wolfgang Lauter
Ruheplätze
Einladung zum Ausspannen.
Mit literarischen Texten sowie einem einführenden Essay von A. C. Woltmann.
192 Seiten, 85 Abbildungen in Farbe

Volkskunst, Kunsthandwerk

Band 317
Adalbert Roeper
Des Eisens schönste Formen
Kunstschmiedearbeiten aus fünf Jahrhunderten. Nach den Ausgaben von 1896.
Vorwort von Heinz Bösch.
206 Seiten, 214 Abbildungen

Band 354
Johann Willsberger/ Rainer Rückert
Meißen
Porzellan des 18. Jahrhunderts. 300 Seiten, 166 Abbildungen, davon 153 in Farbe

Band 377
Horst Appuhn
Bildstickereien des Mittelalters in Kloster Lüne
138 Seiten, 66 Abbildungen, davon 38 in Farbe

Band 464
Hannelore Schlaffer
Museen für Liebhaber
200 Seiten, 93 Abbildungen, davon 89 in Farbe

Band 475
Ernst Ammering
Bucheinbände
247 Seiten, 126 Abbildungen, davon 100 in Farbe